A. SEIGNETTE

NOTIONS PRÉLIMINAIRES

DE GÉOLOGIE

1f,50

GÉOLOGIE

A. SEIGNETTE

Professeur de sciences naturelles au lycée **Condorcet**
Agrégé de l'Université, Docteur ès sciences

GÉOLOGIE

RÉDIGÉE CONFORMÉMENT AUX PROGRAMMES OFFICIELS DU 31 MAI 1902
A L'USAGE DES CLASSES DE QUATRIÈME A ET DE CINQUIÈME B

ILLUSTRÉ DE 78 GRAVURES INTERCALÉES DANS LE TEXTE

PARIS

LIBRAIRIE HACHETTE ET Cie

79, BOULEVARD SAINT-GERMAIN, 79

1906

EXTRAITS DES PROGRAMMES OFFICIELS

DU 31 MAI 1902

CLASSES DE QUATRIÈME A ET DE CINQUIÈME B

Géologie

Étude des modifications du sol au moyen d'exemples choisis autant que possible dans la région.

Les pluies. — Dégradations produites par l'eau en mouvement. — Dénudation des montagnes. — Rôle protecteur des végétaux. — Importance du reboisement. — Creusement des vallées. — Transport de matériaux par les eaux. — Alluvionnements, deltas. — Sédiments, leurs caractères. — Cailloux, sables, vases argileuses ou calcaires. — Transformation des sédiments en terrains stratifiés. — Débris d'êtres vivants inclus dans ces terrains.

Couches perméables et imperméables; nappes d'eau souterraines, puits, puits artésiens, sources.

Les neiges persistantes. — Formation et mouvement des glaciers : moraines, blocs erratiques, sources glaciaires.

Les vents. — Transports des poussières et des sables. — Dunes.

Roches souterraines en fusion. — Leur épanchement au travers des terrains sédimentaires. — Roches éruptives anciennes et récentes. — Volcans, laves.

Sources thermales. — Eaux minérales, émanations gazeuses.

Tremblements de terre. — Exhaussement et affaissement du sol. — Déplacement des lignes de rivage.

Les êtres vivants. — Tourbes. — Récifs et îles madréporiques.

NOTIONS PRÉLIMINAIRES
DE GÉOLOGIE

PREMIÈRE PARTIE

NOTIONS SUR LES PRINCIPALES ROCHES

CHAPITRE PREMIER

GRANITE. — PORPHYRE. — GNEISS. — SCHISTES CRISTALLINS.

1. La Terre. — Ses dimensions. — Sa surface. —
La Terre a la forme d'une sphère aplatie aux pôles. Cet aplatissement est très faible par rapport aux dimensions de la Terre : il est à peu près de $\frac{1}{300}$ du rayon ; si l'on voulait en tenir compte sur un globe de 30 centimètres de diamètre, il faudrait aplatir ce globe d'un demi-millimètre à chaque pôle, et il serait impossible de constater à la vue un aplatissement si faible.

Le rayon de l'équateur est de 6377 kilomètres et le rayon du pôle de 6356 kilomètres. L'aplatissement à chaque pôle est donc de 21 kilomètres.

Les mers recouvrent environ les trois quarts de la surface de la Terre.

La surface des continents n'est pas unie comme celle des mers : les parties saillantes forment les montagnes ; les parties creuses forment les vallées ; les plaines sont les parties horizontales de la surface du sol, ne présentant ni saillies ni creux.

Ces inégalités de la surface du sol sont très faibles, si l'on considère les dimensions de la Terre : les plus hautes montagnes, celles du Thibet, n'atteignent pas 9 kilomètres de hauteur au-dessus du niveau de la mer ; la montagne la plus élevée des Alpes, le mont Blanc, n'a que 4810 mètres d'altitude, et dans les Pyrénées le pic le plus élevé, la Maladetta, n'atteint que 3480 mètres. Sur un globe de 50 centimètres de diamètre, la plus haute montagne du monde serait représentée par une saillie plus petite que 1/5 de millimètre. On sentirait à peine cette saillie avec le doigt.

Le fond de la mer est aussi inégal : les plus grandes profondeurs observées sont d'environ 9 kilomètres ; la plus grande profondeur des mers est donc à peu près égale à la plus grande hauteur des montagnes ; mais généralement la profondeur de la mer est inférieure à 9 kilomètres. Une mer est ordinairement d'autant plus profonde que sa surface a une étendue plus considérable.

On donne le nom de *Géologie* à la science qui a pour objet l'étude des matériaux qui forment la Terre et qui permettent de reconstituer son histoire.

2. Constitution du sol.

— La surface des continents et des îles est presque partout recouverte d'une couche d'un aspect assez uniforme, sur laquelle poussent les végétaux : c'est ce qu'on appelle la *terre végétale* (fig. 1). L'épaisseur de cette couche est variable : en certains endroits elle n'est que de quelques centimètres ; ailleurs elle peut atteindre plusieurs mètres.

Si l'on enlève la terre végétale, on trouve au-dessous un sous-sol dont l'aspect, la consistance, la couleur, peuvent être très différents.

Si l'on fait la carte d'un pays, en supposant que la terre végétale ait été enlevée, et que l'on donne aux différentes régions de ce pays des couleurs particulières suivant la nature des matériaux qui forment le sous-sol, on fait ce qu'on appelle la *carte géologique* de ce pays.

En jetant les yeux sur un endroit où l'on vient de creuser sur la tranchée d'un chemin de fer par exemple, on
peut voir que le sous-sol est composé de roches formant

Fig 1. — Carrière montrant que le sous-sol diffère souvent beaucoup
de la terre située à la surface.

des couches placées les unes au-dessus des autres (fig. 2);
ces couches sont généralement ternes, souvent même
d'un aspect terreux. Quand ces roches, appelées *roches
stratifiées*, renferment des cristaux, ces cristaux sont généralement semblables.

On voit souvent, surtout dans les pays de montagnes,
au milieu de ces terrains, d'autres roches, généralement

brillantes et très dures, renfermant de nombreux cristaux, de nature différente (fig. 3); ces roches forment ce qu'on appelle plus spécialement les *roches cristallines*. Commençons par les étudier.

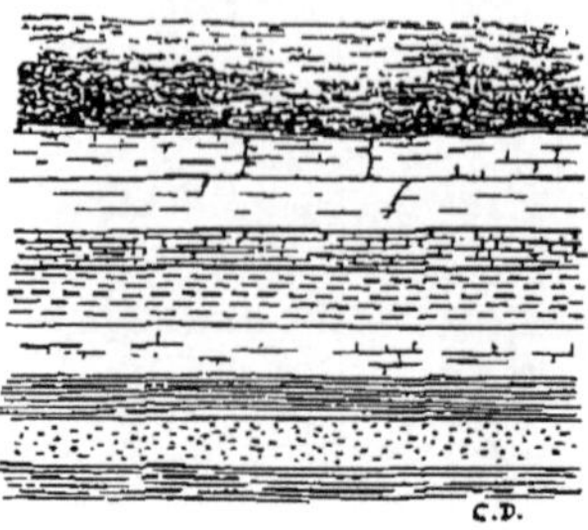

Fig. 2. — Le sous-sol est ordinairement formé de couches placées les unes au-dessous des autres.

Les principales roches cristallines sont le *granite*, le *porphyre*, le *gneiss*, les *schistes cristallins*.

Fig. 3. — Des roches cristallines peuvent s'intercaler entre les autres terrains.

5. Principaux éléments des roches cristallines. — Les minéraux dont se composent les roches cristallines sont assez variés, et donnent à ces roches des aspects très divers. Leur couleur, leur éclat, leur dureté sont extrêmement variables. Ceux des minéraux que l'on y trouve le plus habituellement sont le feldspath, le quartz, le mica, le talc, le pyroxène et l'amphibole.

Le *feldspath* se présente sous la forme de cristaux généralement blanchâtres, souvent rosés; la cassure de ces cristaux se fait dans le sens de nombreuses petites lames. La dureté du feldspath est assez grande pour rayer le verre..

Le *quartz* est transparent et incolore; il est plus dur que le feldspath, qu'il peut rayer; sa cassure ressemble à celle d'un morceau de verre.

Le *mica* forme des lamelles brillantes, minces et élastiques, qui peuvent se séparer très facilement les unes des autres.

Les lames de mica blanc que renferment certains granites sont quelquefois si grandes, qu'on les exploite pour remplacer les vitres; ces lames présentent l'avantage d'être très souples et de ne pas se casser; on les emploie souvent à la place du verre dans les lanternes.

Le *talc* est extrêmement tendre, et doux au toucher; il forme quelquefois des lamelles comme le mica, mais ces lamelles n'ont aucune élasticité.

L'*amphibole* et le *pyroxène* sont deux minéraux noirs ou verts qui se ressemblent beaucoup; ils ne diffèrent guère que par la forme de leurs cristaux.

4. Granite. — Le *granite* se compose de feldspath, de quartz et de mica; les cristaux de ces différents minéraux adhèrent entre eux. Le granite est généralement très résistant, surtout quand les éléments qui le constituent sont en petits morceaux; on dit alors que le granite est à *grain fin;* il peut dans ce cas être poli.

Le granite est une excellente pierre de construction; mais, sauf dans quelques cas assez rares où une disposition schisteuse permet de l'exploiter en dalles, l'extraction et la taille de cette roche reviennent à un prix très élevé. Certains granites sont très peu altérables à l'air : ainsi, des colonnes de granite ont conservé leur poli depuis près de vingt siècles, et les obélisques de l'Égypte, plus anciens encore, sont restés jusqu'à nos jours sans altération apparente.

5. Porphyre. — Le *porphyre* est formé par les mêmes minéraux que le granite : feldspath, quartz et mica; mais dans le porphyre les cristaux de ces minéraux ne sont pas placés immédiatement les uns à côté des autres : ils ne sont pas juxtaposés; ils sont, au contraire, isolés au milieu d'une sorte de pâte qui les englobe tous. Cette pâte, qui joue ainsi le rôle de ciment, est feldspathique.

Le porphyre est ordinairement susceptible de recevoir un beau poli; quelques variétés sont très recherchées dans l'architecture ou dans les arts, à cause de leur belle couleur.

Le porphyre vert antique était très habituellement employé pour l'ornementation des monuments grecs; le seul gisement connu de cette pierre, qui est épuisé depuis plus de quinze siècles, se trouvait tout près de Sparte.

Le porphyre rouge antique se trouve dans la plupart des ruines romaines. C'était des bords de la mer Rouge que les Romains le retiraient; ce gisement, le seul connu, est actuellement épuisé.

6. Gneiss. — Le *gneiss* est une roche qui renferme les trois éléments du granite : le feldspath, le quartz et le mica. Mais dans le gneiss ces trois éléments présentent une disposition par couches minces superposées, ce que l'on n'observe pas dans le granite; les lamelles de mica, plus nombreuses que dans le granite, sont dans cette roche placées toutes dans la même direction, et sont en quelque sorte empilées les unes sur les autres; cette disposition du mica permet de diviser la roche en lames et d'en faire des dalles.

7. Schistes cristallins. — On donne, en général, le nom de *schistes* à des roches qui peuvent se séparer facilement en feuillets disposés parallèlement; dans les schistes cristallins, les éléments qui constituent la roche ont une disposition encore plus stratifiée que ceux du gneiss. La roche la plus importante parmi les schistes cristallins est le *micaschiste.*

Dans cette dernière roche, le mica est encore plus abondant que dans le gneiss, et le feldspath manque complètement : le quartz, qui est en très petits grains, forme des lits minces qui séparent les couches de mica.

RÉSUMÉ

La Terre. Constitution du sol. — La Terre a la forme d'une sphère peu aplatie aux pôles, dont les trois quarts de la surface sont recouverts par les mers. Les continents ont une surface qui présente des différences de niveau très faibles par rapport au rayon de la Terre ; ils sont presque partout recouverts par la terre végétale, dont l'épaisseur ne dépasse jamais quelques mètres.

Au-dessous de la terre végétale, le sous-sol est recouvert de roches d'aspects différents, disposées par couches superposées ou quelquefois traversées par *d'autres roches renfermant de nombreux cristaux; on appelle ces dernières des roches cristallines.*

Roches cristallines. — Les principales roches cristallines sont le granite, le porphyre, le gneiss et les schistes cristallins.

Le *granite* se compose de feldspath, de quartz et de mica ; tous les éléments de cette roche sont cristallisés.

Le *porphyre* est formé par les mêmes minéraux que le granite, mais placé au milieu d'une sorte de pâte qui les réunit.

Le *gneiss* renferme aussi les mêmes éléments que le granite, mais disposés par couches superposées.

Les *schistes cristallins* renferment ordinairement beaucoup plus de mica que le gneiss et se séparent facilement en lames.

CHAPITRE II

8. Ce que c'est qu'une pierre calcaire. — Si l'on jette un morceau de craie dans un acide, dans du vinaigre par

Fig. 4. — La craie fait effervescence quand on la met dans un acide.

exemple, on voit une quantité de petites bulles qui se forment à la surface de ce morceau de craie (fig. 4) ; il se produit ce que l'on nomme une *effervescence*. On appelle *pierres calcaires* les pierres qui font effervescence, comme la craie, quand on les met au contact d'un acide.

Ces bulles sont formées par un gaz nommé *gaz carbonique*, qui s'échappe de la pierre sous l'influence d'un acide tel que le vinaigre; c'est ce même gaz, dont la saveur est piquante, qui se dégage de la bière et la rend mousseuse. Ce sont aussi des bulles de gaz carbonique qui se forment dans l'eau de Seltz.

Il y a un autre moyen que le contact des acides pour enlever aux pierres calcaires l'acide carbonique qu'elles renferment : il suffit de les chauffer fortement (fig. 5). Mettons,

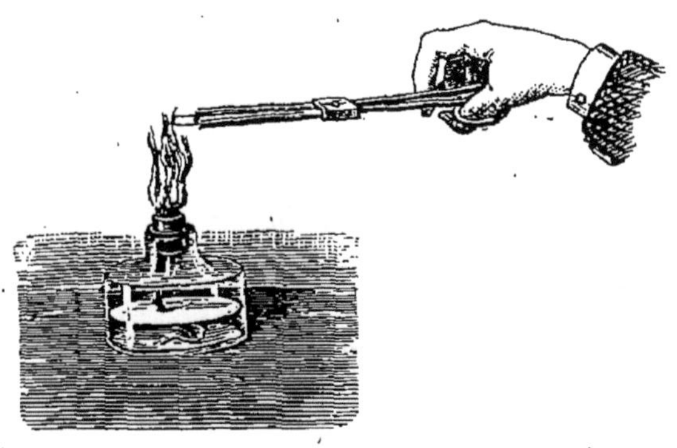

Fig. 5. — Si l'on chauffe un morceau de craie, cette craie se décompose; du gaz carbonique se dégage, et il reste de la chaux vive.

par exemple, sur du feu un morceau de craie que nous venons de peser; nous pourrons bientôt constater, en le pesant de nouveau, que son poids a sensiblement diminué; le gaz carbonique qu'il renfermait s'est dégagé; ce qui reste du morceau de craie, et qui a encore une couleur blanche, c'est de la *chaux vive*.

9. Chaux vive. Chaux éteinte. — La chaux vive, ne renfermant plus d'acide carbonique, ne fait pas effervescence avec les acides.

Il faut éviter de toucher la chaux vive avec les doigts,

surtout s'ils sont mouillés; on se brûlerait, parce que l'eau
au contact de la chaux vive provoque une forte chaleur.
Jetons, en effet, quelques gouttes d'eau sur ce morceau de
chaux vive; nous le voyons se fendiller dans tous les sens,

Fig. 6. — Si l'on jette quelques gouttes d'eau sur de la *chaux vive*, cette
chaux vive se fendille, en s'échauffant beaucoup, et se transforme en *chaux
éteinte*.

et bientôt tomber en poussière, en devenant très chaud
(fig. 6) : la chaux vive est devenue de la *chaux éteinte*.

10. Divers emplois de la chaux. — La chaux mêlée
avec du sable est employée pour la fabrication du mortier;
on utilise aussi la chaux en agriculture, pour le chaulage
des terres. Le chaulage consiste à recouvrir les terres d'une
couche de chaux : cette opération améliore certains sols
considérés comme non cultivables, au point de leur faire
produire de riches moissons.

11. Fabrication de la chaux. — On fabrique la chaux en faisant fortement chauffer des pierres calcaires dans des fours en briques de 5 à 4 mètres de hauteur, ouverts en bas sur le côté (fig. 7). On construit grossièrement dans ce four une voûte avec de grosses pierres calcaires, et l'on achève de remplir le four avec des pierres plus petites. Quand le four est rempli, on fait du feu au-dessous de la voûte,

Fig. 7. — *Four à chaux.* On fabrique la chaux en faisant chauffer des pierres calcaires dans des fours à briques.

jusqu'à ce que tout le calcaire soit décomposé. Le gaz carbonique s'est dégagé dans l'atmosphère, il ne reste plus que la chaux vive ; on démolit alors la voûte, et l'on retire la chaux par l'ouverture latérale du four.

12. La craie. — L'un des calcaires les plus répandus est la *craie* ; c'est une pierre si tendre et si friable, qu'on ne peut pas la polir ; on l'écrase très facilement, et on peut la rayer avec l'ongle. La craie n'a aucun éclat ; elle est très poreuse : une goutte d'eau que l'on jette sur cette pierre disparaît immédiatement, en pénétrant dans les nombreux petits espaces vides qui s'y trouvent.

La craie est blanche quand elle est pure, mais elle est

souvent mêlée à d'autres corps qui lui donnent des couleurs différentes; il y a, par exemple, de la craie de couleur verte, grise, bleuâtre.

13. Pierres de construction. — La craie est trop tendre pour être employée pour faire des constructions; on ne l'utilise à cet usage que dans les pays où il n'y a pas d'autre pierre. Il existe dans le sol de beaucoup de pays des pierres calcaires de consistance plus grande que la craie; on exploite ces pierres dans des carrières et on les

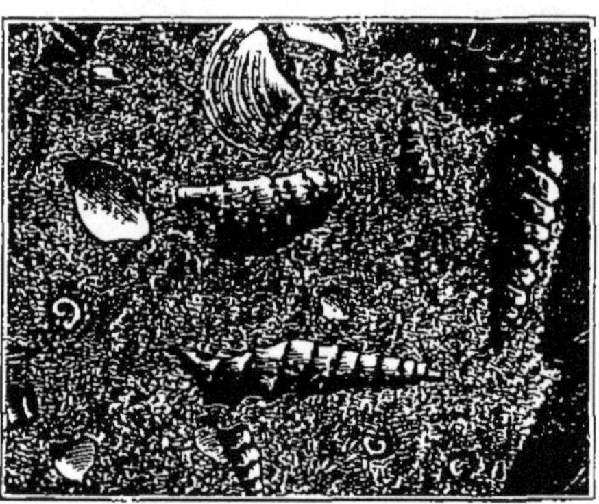

Fig. 8. — Fragment de pierre de taille en calcaire grossier, renfermant de nombreuses empreintes de coquilles.

emploie pour les constructions. Les *pierres de taille* sont fournies par les pierres calcaires dont la consistance est assez grande pour qu'on puisse les extraire en gros blocs.

Le calcaire nommé *calcaire grossier*, avec lequel est bâti Paris, est plus rugueux que la craie, mais il est sensiblement plus dur; on ne peut généralement pas le rayer avec l'ongle. Ce calcaire (fig. 8) renferme des empreintes de coquilles nommées *cérithes*, qui sont enroulées et terminées en pointe. Ces empreintes sont quelquefois si nombreuses, qu'elles nuisent à la valeur de la pierre par les cavités qu'elles y déterminent.

Le calcaire avec lequel est bâti Lyon et beaucoup de villes de Bourgogne est beaucoup plus compact que le calcaire grossier. Ce calcaire est formé d'une immense quantité de petites boules de même dimension, soudées les unes aux autres (fig. 9). On appelle cette pierre *oolithe*,

Fig. 9. — Fragments de pierre de taille en calcaire oolithique, formés de petites boules soudées les unes aux autres.

à cause de sa ressemblance avec une agglomération d'œufs de poissons.

Les pierres calcaires sont extrêmement répandues et présentent un aspect, une couleur et une consistance très variés.

14. Marbres. — Quand une pierre calcaire est assez dure et qu'elle est composée de grains assez fins pour pouvoir être polie, on l'appelle un *marbre* (fig. 10). La dureté du marbre n'est jamais assez grande pour qu'il ne puisse être rayé par la pointe d'un canif, ou par une épingle; de plus, comme toutes les pierres calcaires, il fait effervescence avec les acides.

Le marbre est très rarement employé comme pierre de construction : il a trop de valeur; il est utilisé pour l'ornementation, à l'intérieur des habitations. Il est fréquemment coloré dans toute sa masse, ou dans les *veines* qui le traversent. ce qui lui donne alors beaucoup de prix.

Certains marbres acquièrent au contraire, par leur blancheur, une très grande valeur. Ces marbres blancs sont surtout recherchés par les statuaires; ceux de Paros et de Carrare doivent leur célébrité à leur grande pureté, ainsi qu'à une certaine translucidité qui fait que le statuaire peut

Fig. 10. — Marbre, pierre calcaire assez dure pour pouvoir être polie.

donner aux statues la transparence des chairs. Ces marbres blancs sont formés de nombreux petits cristaux, placés les uns à côté des autres; leur aspect rappelle celui d'un morceau de sucre.

15. Pierre lithographique. — Un calcaire gris jaunâtre, d'un grain très fin, et qui ne présente pas la moindre apparence cristalline, est employé pour faire des pierres lithographiques. Ce calcaire n'est pas parfaitement pur; il renferme toujours un peu d'argile.

RÉSUMÉ

Calcaire. — Chaux. — Une roche calcaire se reconnaît parce qu'elle fait effervescence avec les acides.

Lorsqu'on chauffe fortement un calcaire, il se transforme en chaux vive, qui s'échauffe au contact de l'eau, tombe en poussière et forme de la chaux éteinte. La chaux mêlée avec du sable est employée pour faire du mortier; on fait aussi usage de la chaux en agriculture, pour améliorer les terres.

Principales sortes de roches calcaires. — Les principales sortes de roches calcaires sont la craie, le calcaire grossier, l'oolithe et la pierre lithographique.

La *craie* est une roche tendre et friable qui se raye à l'ongle et qu'on ne peut pas polir.

La *pierre de taille* est plus dure et plus rugueuse que la craie ; elle ne peut se rayer qu'au couteau ; l'*oolithe* est une sorte de pierre de taille formée de petits grains sphériques.

Les *marbres* sont des pierres calcaires qui sont susceptibles d'être polies. Ils sont employés pour l'ornementation et pour faire des statues.

La *pierre lithographique* est un calcaire gris-jaunâtre, mêlé d'un peu d'argile, d'un grain très fin, qui est employé pour faire des pierres lithographiques.

CHAPITRE III

ARGILE. — MARNE. — SCHISTES. — GRÈS. — GYPSE.

16. Argile. — L'*argile* est une roche très tendre, d'apparence terreuse, qui est très facilement rayée avec l'ongle; elle est douce au toucher, son contact est savonneux; blanche quand elle est parfaitement pure, elle est le plus souvent colorée, par suite de mélanges avec des substances étrangères, et est habituellement nommée *terre glaise*. Si l'on en coupe un petit morceau et qu'on le mette sur le bout de la langue, il reste collé assez fortement; cet effet ne se produit pas avec les autres roches.

Les acides répandus sur de l'argile n'y provoquent pas d'effervescence; c'est qu'en effet cette roche ne contient pas d'acide carbonique.

En soufflant sur cette roche, on développe une odeur caractéristique, qui est celle de la terre mouillée.

Si l'on mélange de l'eau à un morceau d'argile, il se forme une pâte extrêmement onctueuse que l'on peut pétrir entre les doigts; cette propriété est utilisée par les statuaires pour modeler les ébauches de leurs statues. La pâte ainsi formée est imperméable; si on la pétrit de manière à en faire une coupe, et qu'on mette de l'eau dans cette coupe, l'eau y restera et ne filtrera pas à travers les parois. En se desséchant la pâte se durcit et se fendille irrégulièrement dans tous les sens.

17. Action de la chaleur sur l'argile. — Sous l'action d'une forte chaleur un morceau d'argile change complètement d'aspect : il prend une couleur rouge vif, devient très dur ; l'eau n'a plus aucune action sur lui, et, même réduit en poussière, il ne formerait plus de pâte plastique en se mêlant à l'eau. L'argile ainsi transformée est devenue de la *brique*.

La substance de la brique n'est plus la même que celle de l'argile. L'argile est, en effet, composée de deux corps : l'un de ces corps est nommé silicate d'aluminium ; l'autre est de l'eau. Sous l'action de la chaleur, l'eau s'échappe ; il ne reste plus que le *silicate d'aluminium*, qui constitue la brique.

La couleur rouge des briques est donnée par les transformations, sous l'action de la chaleur, des substances ferrugineuses mêlées à l'argile.

On pourrait supposer que le silicate d'aluminium qui forme la brique, mis en présence de l'eau, s'unirait de nouveau à l'eau pour former de l'argile. Il n'en est pas ainsi, comme nous venons de le voir ; la séparation du silicate d'aluminiun et de l'eau a été définitive : la brique et l'eau ne reforment pas de l'argile.

18. Briques. Poteries. — Les briques sont employées pour les constructions dans tous les pays, comme aux environs de Toulouse et de Lille, où l'on ne trouve pas dans le sol de pierres à bâtir ; elles sont fabriquées en faisant chauffer dans des fours des blocs d'argile humide auxquels on a donné la forme que l'on voulait obtenir. C'est de la même manière que sont faits les tuiles, les tuyaux et toutes les poteries (fig. 11).

Quand une argile est presque pure, on peut en faire des briques qui supportent, sans se fondre, les températures les plus élevées ; on appelle cette sorte d'argile *argile réfractaire :* elle est assez rare. Dans la cuisson de la terre à briques ordinaire, il faut, au contraire, éviter que le four soit trop chaud, car les briques subiraient un commencement de fusion qui les ferait adhérer les unes aux autres.

19. Kaolin. Porcelaine. — On désigne sous le nom de
kaolin une argile blanche extrêmement pure, moins douce
au toucher que l'argile ordinaire, et qui sous l'effet de la
cuisson donne la *porcelaine*.

Fig. 11. — Fabrication de la poterie. L'argile humide est placée sur un tour
qui est mis en mouvement par les pieds. L'ouvrier donne à cette argile la
forme voulue.

Les gisements de kaolin sont rares; le plus important de
ceux exploités en France est aux environs de Limoges. Le
kaolin est aussi exploité en Saxe, mais c'est surtout dans la
Chine et dans le Japon que cette substance est abondante;
elle y est même si répandue, que l'on s'en sert pour les
constructions.

La porcelaine se fabrique à peu près de la même manière
que les autres poteries, mais, le kaolin ayant beaucoup plus

de valeur que la terre glaise, on apporte beaucoup plus de
soin à cette fabrication qu'à celle des poteries ordinaires.

20. Marne. — On désigne sous le nom de *marne* une
roche assez tendre, composée de calcaire et d'argile. La
marne présente le caractère essentiel des calcaires : elle fait
effervescence avec les acides ; mais elle a aussi le caractère
de l'argile. En effet, elle dégage l'odeur de la terre mouillée
quand on souffle dessus ; un petit fragment cassé se colle
contre la langue ; enfin cette roche fait pâte avec l'eau.

Ce mélange naturel de calcaire et d'argile se trouve dans
les proportions les plus variables. Quand c'est l'argile qui
domine dans le mélange, on donne à la roche le nom de
marne argileuse; si, au contraire, c'est le calcaire qui est
en plus grande quantité, on a des *marnes calcaires.*

Les marnes formeraient une mauvaise pierre de construction ; on les emploie en agriculture pour améliorer la terre
végétale.

Si l'on fait cuire les marnes, on obtient une chaux, nommée *chaux hydraulique,* qui a la précieuse propriété de
durcir rapidement sous l'eau.

Le mortier avec lequel on bâtit les piles de pont, ou même
la partie des murs qui reste au-dessous du sol, est fait avec
cette chaux hydraulique.

21. Schistes argileux. — Les *schistes argileux* présentent des aspects très différents ; l'un des plus connus, à
cause de son importance industrielle, est le *schiste ardoisier;*
c'est un schiste dur dont on extrait les ardoises (fig. 12) qui
servent à couvrir les toits. La plupart des schistes argileux
sont beaucoup moins durs que les schistes ardoisiers et se
décomposent facilement au contact de l'air en devenant de
l'argile.

Il y a des schistes argileux qui sont pénétrés de substances
bitumineuses ; on exploite ces schistes pour en retirer une
huile nommée *huile de schiste* ou *pétrole.*

22. Roches siliceuses. — On trouve ordinairement, répandus dans la craie, des blocs de pierre de couleur plus ou moins foncée ; on appelle ces pierres des *silex*.

Fig. 12. — Les schistes ardoisiers peuvent être divisés en lames minces qui forment les ardoises.

Le silex est très dur ; il est impossible de le rayer avec un couteau, et, si on le frotte sur une lame de verre, le verre est rayé à l'endroit où l'on a appuyé le silex. Cette pierre est donc plus dure que le verre ; les acides n'y produisent aucune effervescence. Si l'on casse un silex, on trouve à sa cassure une forme toute particulière (fig. 13) : on y voit des arêtes tranchantes séparant des parties creuses arrondies. Si l'on frotte vivement un silex contre un morceau de fer, il en jaillit des étincelles ; on se servait autrefois de cette propriété du silex pour enflammer la poudre des fusils; on donnait alors à cette pierre le nom de *pierre à*

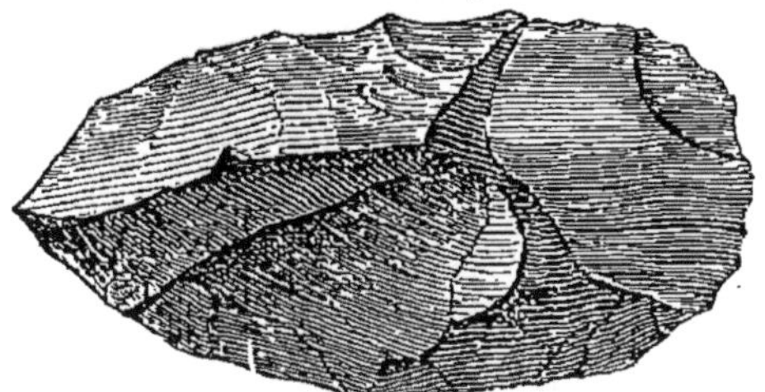

Fig. 13. — Silex. La cassure du silex est formée d'arêtes tranchantes séparant des parties creuses.

fusil. La substance du silex est la même que celle du quartz que nous avons vu dans le granite : c'est ce qu'on appelle de la *silice;* mais la silice est pure dans le quartz incolore,

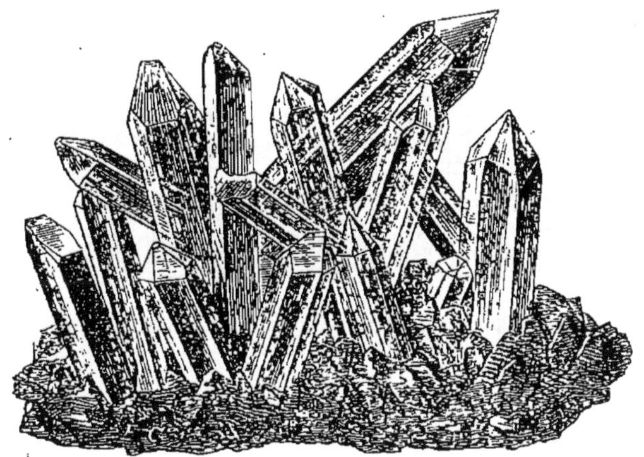

Fig. 14. — Cristaux de quartz : prismes à six faces parallèles, surmontés de pyramides.

tandis qu'elle est mélangée avec des substances étrangères dans le silex.

La silice pure se présente souvent en cristaux transparents ayant la forme de prismes à six faces latérales, surmontés de pyramides (fig. 14).

La silice ne forme pas seulement des silex et des cristaux de quartz isolés, elle forme souvent des roches d'une grande étendue; tels sont les sables siliceux.

La *pierre meulière*, si répandue dans les environs de Paris, est une roche siliceuse qui, à cause de sa grande résistance à l'humidité, est très avantageusement employée pour toutes les parties souterraines des constructions.

On trouve aussi beaucoup de calcaires qui sont mélangés à de la silice et qui acquièrent alors une grande dureté.

23. Poudingue. Brèche. Grès. — Les *poudingues* sont des roches composées d'une quantité de cailloux de forme arrondie, de dimensions différentes (fig. 15), soudés les uns aux autres au moyen d'une substance plus ou moins dure,

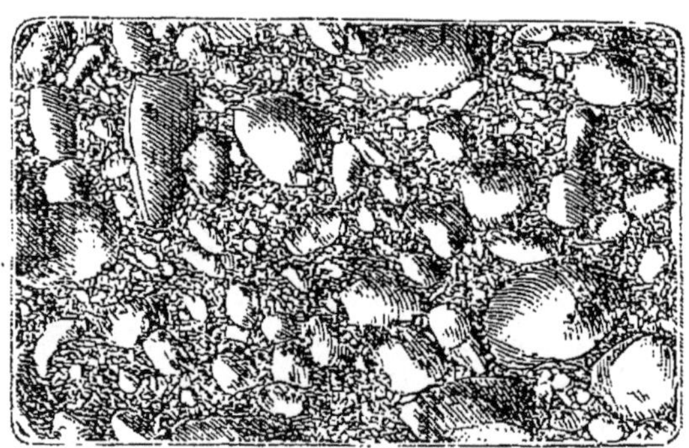

Fig. 15. — Poudingue, roche formée de cailloux arrondis, soudés les uns aux autres, au moyen d'une substance ordinairement calcaire, qui les réunit comme un ciment.

telle que du calcaire ou de la silice, qui joue le rôle de ciment.

Quand les pierres qui forment cette roche complexe ne sont pas arrondies, lorsqu'elles sont anguleuses, la roche prend le nom de *brèche*.

Enfin, quand les fragments sont si petits qu'ils ne forment plus que des grains de sable, la roche porte le nom de *grès*.

Entre les poudingues, les brèches et les grès, il n'y a

donc de différence que dans la forme et la dimension des éléments constituants.

Les roches qui jouent le rôle de ciment dans les poudingues, les brèches et les grès sont assez variables; celles qu'on rencontre le plus fréquemment sont des roches calcaires et des roches siliceuses; mais il y a aussi des roches marneuses, gypseuses, ferrugineuses qui jouent le même rôle.

24. Gypse. — Le gypse est une roche composée de nombreux petits cristaux lamelleux enchevêtrés, qui souvent ressemble au marbre blanc; mais le gypse est beaucoup plus tendre : on peut le rayer avec l'ongle; de plus, si on

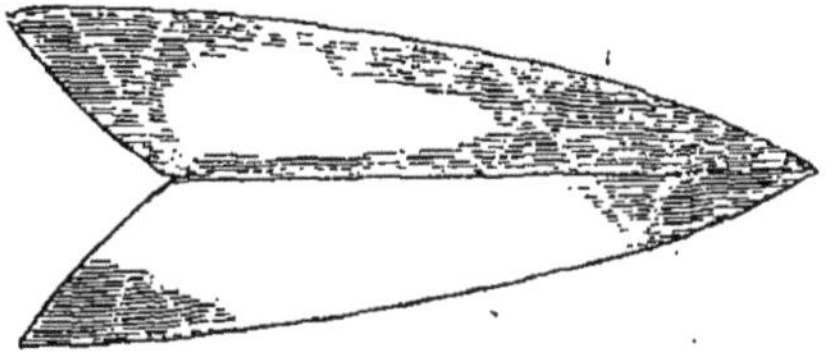

Fig. 16. — Cristal de gypse, ayant la forme d'un fer de lance.

verse un acide sur cette roche, on n'y voit pas la moindre effervescence : elle ne renferme donc pas d'acide carbonique, comme le marbre. Le gypse, beaucoup moins répandu que le calcaire, se trouve cependant en plusieurs points de la France, où il forme souvent, comme aux environs de Paris, des collines entières.

Le gypse se présente quelquefois sous la forme de grosses lentilles, que l'on peut diviser en lamelles cristallines transparentes très minces : ces lames cristallines sont remarquables par leur forme en fer de lance (fig. 16).

Une variété de gypse nommée *albâtre* est assez compacte pour pouvoir être polie; cette pierre présente absolument l'aspect du marbre, mais on peut toujours l'en distinguer en la rayant avec l'ongle, et puis aussi parce qu'au toucher le marbre est beaucoup plus froid que l'albâtre.

Si l'on met dans l'eau un petit morceau de gypse, on le voit disparaître; ce morceau de gypse s'est fondu dans l'eau, comme le fait un morceau de sucre. Le gypse est, en effet, légèrement *soluble dans l'eau;* on ne peut donc pas s'en servir comme pierre de construction, car sous l'action de la pluie les murs disparaîtraient à la longue.

25. Action de la chaleur sur le gypse. Plâtre. — Si l'on chauffe une lame cristalline de gypse, on voit un petit nuage apparaître au-dessus, et en même temps la lame qui était transparente devient opaque; c'est de l'eau qui vient de s'échapper du gypse, sous l'action de la chaleur. Le

Fig. 17. — Four à plâtre. Pour fabriquer du plâtre, on fait chauffer du gypse dans un four.

gypse est, en effet, formé de deux corps; l'un de ces corps porte le nom de *sulfate de calcium* et l'autre est de l'eau. Le gypse est ce qu'on appelle en chimie du sulfate de calcium hydraté; sous l'action de la chaleur, ce corps ainsi composé se déshydrate, c'est-à-dire que l'eau s'échappe, et le sulfate de calcium, blanc et opaque, reste seul.

Cette masse blanche de sulfate de calcium, c'est du *plâtre*. C'est pour cela que le gypse est très habituellement nommé *pierre à plâtre*.

Pour fabriquer du plâtre, on fait chauffer des blocs de gypse dans des fours (fig. 17), à peu près comme on fait chauffer du calcaire pour fabriquer de la chaux; mais pour transformer le gypse en plâtre il faut chauffer beaucoup moins que pour transformer le calcaire en chaux vive. Quand le plâtre est formé, il faut le broyer; la poussière qu'on obtient est mise dans des sacs que l'on doit conserver dans un endroit bien sec jusqu'au moment de s'en servir.

26. Action de l'eau sur le plâtre. Usages du plâtre.
— Le plâtre, abandonné à l'air humide, ne tarde pas à reprendre de l'eau et à fixer cette eau dans sa masse, de manière à revenir à la composition qu'il avait avant d'avoir été chauffé, c'est-à-dire à revenir à l'état de sulfate de chaux hydraté ou de pierre à plâtre.

Fig. 18. — Le plâtre en poussière, mêlé avec de l'eau, est employé pour faire des moulages.

Si on mêle le plâtre en poussière avec de l'eau, cette transformation s'opère en quelques minutes; le plâtre fait prise avec l'eau et redevient aussi dur que la pierre à plâtre.

On voit qu'il y a une grande différence entre l'action de l'eau succédant à l'action de la chaleur sur l'argile ou sur la pierre à plâtre.

L'argile ou silicate d'alumine hydraté se déshydrate en donnant de la brique, et la déshydratation est définitive.

La pierre à plâtre ou sulfate de chaux hydraté se déshydrate en donnant du plâtre, qui peut s'hydrater de nouveau et repasser à l'état de pierre à plâtre.

Le plâtre ne peut guère être employé que dans l'intérieur des constructions, à cause de sa solubilité dans l'eau; il est surtout employé pour donner aux plafonds et aux murs une surface bien unie.

Quand le plâtre a été *gâché*, c'est-à-dire quand la poussière a été mêlée avec assez d'eau pour former une pâte, cette pâte, qui durcit en quelques minutes, augmente sensiblement de volume en durcissant ; c'est grâce à cette propriété que l'on peut faire avec du plâtre les statues ou les moulures, les rosaces et autres ornements que l'on voit sur les plafonds et sur les murs. Il suffit pour cela d'avoir un moule de la statue, et de verser dans ce moule la pâte faite avec le plâtre et l'eau : la pâte en durcissant augmente de volume, et les plus petits détails du moule sont exactement reproduits (fig. 18).

RÉSUMÉ

Argile. — Poterie. — Porcelaines. — L'*argile* est une roche très tendre qui se raye à l'ongle, qui fait pâte avec l'eau, et ne fait pas effervescence avec les acides. Sous l'action d'une forte chaleur, l'argile se change en *brique*, qui est beaucoup plus dure, et souvent colorée en rouge. Les briques sont employées pour les constructions.

Les argiles servent aussi à faire des poteries et, lorsqu'elles sont très pures (*kaolin*), elles servent à la fabrication de la porcelaine.

Marnes. Schistes argileux. — La *marne* est une roche composée de calcaire et d'argile. Certaines marnes donnent par la cuisson la chaux hydraulique.

Les *schistes argileux* contiennent beaucoup d'argile et se divisent facilement en lames ; certains d'entre eux sont exploités pour en extraire l'huile de schiste ou pétrole.

Roches siliceuses. — Les *roches siliceuses* ne peuvent se rayer au couteau et font feu au briquet. Les principales roches siliceuses sont le *silex* ou pierre à fusil, dont la cassure est formée de parties creuses séparées par des arêtes tranchantes.

La *meulière* renferme ordinairement des cavités.

Les *poudingues* sont constitués par des cailloux arrondis réunis par une sorte de ciment ; les *brèches*, qui en diffèrent parce que les éléments sont anguleux ; les grès, dont les éléments sont des grains de sable réunis par un ciment siliceux, calcaire ou ferrugineux.

Gypse. — Plâtre. — Le gypse est une roche qui se raye à l'ongle, qui ne fait pas effervescence avec les acides et qui ne fait pas pâte avec l'eau. Quand on chauffe le gypse, il perd l'eau qu'il contient et se transforme en plâtre, qui, abandonné à l'air humide, se consolide en reprenant l'eau que le gypse avait perdue.

DEUXIÈME PARTIE

MODIFICATIONS ACTUELLES DU SOL

CHAPITRE IV

LA PLUIE. — RUISSELLEMENT. — INFILTRATION. — ÉVAPORATION.

27. Ce que devient l'eau de la pluie. — L'eau de la pluie, en tombant sur le sol, se partage en trois parties :

L'une de ces parties s'écoule à la surface même du sol, en se rendant toujours aux endroits les plus creux ; elle forme une quantité de petits ruisselets : c'est ce qu'on appelle le *ruissellement*.

Une autre partie de l'eau de la pluie pénètre dans le sol, qui s'en imbibe comme le ferait une éponge : cette eau pénètre ainsi par *infiltration*.

Enfin, une troisième partie de l'eau tombée en pluie retourne presque immédiatement, sous forme de vapeur, dans l'atmosphère d'où elle vient : elle donne lieu à l'*évaporation*.

La proportion de chacune de ces trois parties varie suivant la nature du sol, suivant sa pente, et aussi suivant la température et l'humidité de l'air. Si le sol est très peu perméable, il n'y a pas ou presque pas d'infiltration ; si, au contraire, le sol est très perméable, il n'y a pas ou presque pas de ruissellement ; enfin, s'il fait chaud et que l'air ne soit pas très humide, l'évaporation est plus grande.

28. Effets mécaniques du ruissellement. — Regardons la pluie tomber sur un sol dont la surface est inégale : nous voyons bientôt se former de petits ruisselets dont l'eau est troublée par les débris du sol qu'elle entraine.

Fig. 19. — Pyramide de terre surmontée d'un bloc de pierre qui la protége contre l'action de la pluie.

Si c'est un champ labouré que nous observons, nous voyons se creuser, sur les mottes de terre, des quantités de petits sillons, dont la profondeur augmente avec l'intensité et la durée de la pluie; si c'est un chemin que nous regardons, nous voyons toutes les petites pierres qui forment ce chemin se séparer les unes des autres, se déchausser, à mesure que l'eau entraîne par le ruissellement la terre et le sable qui étaient entre ces pierres.

Le premier effet de la pluie est donc d'enlever de la surface du sol les parties les plus petites et les plus légères qui forment ce sol et de les entraîner dans des endroits plus bas.

On peut bien facilement se rendre compte de cette action de l'eau en regardant l'effet de la pluie tombant sur un tas de sable sur lequel on a jeté çà et là quelques petites pierres : après une ou deux heures de pluie, on voit ces petites pierres portées chacune au sommet d'un petit piédestal de sable qui peut atteindre quelques centimètres. C'est que le sable de la surface du tas a été entraîné par l'eau, excepté aux points où il était garanti par les pierres. Cet effet, qui se produit journellement sur toutes les pentes sablonneuses, s'observe aussi fréquemment sur la terre de nos champs; il peut se faire alors que ces petites pyramides ne s'écroulent pas jusqu'à la pluie suivante; elles s'élèvent davantage à mesure que la pluie creuse le sol autour d'elles. Si, au lieu d'une petite pierre, c'est un gros bloc qui se trouve à la surface du sol, la pyramide de terre surmontée par le bloc (fig. 19) peut atteindre une grande hauteur. C'est ce qu'on observe dans quelques pays, par exemple près de Botzen dans le Tyrol et près de Saint-Gervais en Savoie.

29. L'eau de la pluie agit sur les roches les plus dures. — L'eau de la pluie agit aussi directement sur les pierres elles-mêmes; ainsi les roches qui sont depuis longtemps exposées à son action ne présentent plus d'angles très saillants : les arêtes vives se sont émoussées. Ce sont les gouttes d'eau de la pluie qui ont usé les parties saillantes de ces roches. Cela se produit même plus rapidement qu'on ne le croirait au premier abord. Ainsi, on peut constater qu'en peu d'années une pierre, même très dure, se creuse sous l'effet de la chute de gouttes d'eau tombant toujours à la même place; de même, si l'on casse une pierre très dure, de manière à former une arête saillante, et qu'on laisse cette pierre exposée à l'action de la pluie, l'arête sera bientôt beaucoup moins tranchante.

50. L'eau de la pluie dissout certaines roches. — Ce n'est pas seulement au point de vue mécanique qu'agit l'eau de la pluie : elle a encore pour effet de dissoudre certaines roches; ainsi le *gypse*, ou pierre à plâtre, est légèrement soluble dans l'eau; et dans tous les pays où cette roche se trouve à la surface du sol, l'eau de la pluie en dissout une partie qu'elle entraîne. C'est ainsi qu'aux environs de Paris la colline gypseuse de Romainville, sur laquelle est bâti un fort, était en certains points usée par l'eau des pluies, d'un mètre environ par an, jusqu'à ce qu'on eût fait des travaux pour garantir le gypse contre cette action dissolvante.

La pierre dont on se sert pour bâtir les maisons est très généralement une pierre *calcaire*. Cette pierre est légèrement soluble dans l'eau chargée de gaz carbonique, et l'eau de la pluie renferme toujours du gaz carbonique, qu'elle a pris à l'atmosphère. La pierre calcaire se dissout donc dans l'eau de la pluie; c'est là une des grandes causes de la dégradation des constructions en pierres calcaires.

51. L'eau de la pluie désagrège le granite. — Le granite, une des roches les plus dures, est aussi dégradé par l'eau. Cette roche, nous l'avons vu, est composée de *quartz*, substance vitreuse plus dure que le verre; de *mica*, qui se présente sous forme de minces lames brillantes, et de *feldspath*, qui forme des cristaux blanchâtres, moins durs que le quartz.

Le gaz carbonique que renferme l'eau de la pluie agit sur le feldspath, qui est composé de silicate de potassium et de silicate d'aluminium. Sous l'action du gaz carbonique, et de l'eau formant de l'acide carbonique, le silicate de potassium se décompose, et il se forme du carbonate de potassium qui se dissout: l'acide silicique qui reste est aussi dissous dans l'eau et entraîné. Il ne reste donc que le silicate d'aluminium, qui est insoluble; il est entrîané par l'eau, qu'il trouble. Ce silicate d'aluminium forme ce qu'on appelle de l'*argile*, ou plutôt du *kaolin*, quand le silicate d'aluminium est très pur.

On peut exprimer par le tableau suivant la décomposition du feldspath :

Feldspath . . . . . { Silicate de potassium . . . { Acide silicique. / Potasse. } / Silicate d'aluminium }

Feldspath décomposé par l'acide carboni-que renfermé dans l'eau . . . . { Acide silicique. / Carbonate de potassium . . { Acide carbonique. / Potasse. } / Silicate d'aluminium (argile). }

Le feldspath disparaissant, les petits fragments de quartz sont dissociés et forment du sable, qui est entraîné par l'eau. Quant au mica, dont la composition chimique est analogue à celle du feldspath, il subit une transformation de même nature.

L'eau de la pluie agit d'une manière identique sur quelques autres roches, entre autres sur les *porphyres*, dont la composition est la même que celle du granite.

52. La surface du sol se renouvelle constamment.
— Nous voyons donc que la pluie est un des agents géologiques les plus importants; elle attaque chimiquement les roches, les dissout, les désagrège, et entraine tous leurs débris, quand leur volume est assez petit.

La surface du sol se renouvelle donc continuellement; chaque pluie enlève de cette surface une pellicule, dont l'épaisseur varie avec le degré de résistance que les roches présentent à cette action de dégradation.

Les effets de cette action de la pluie sont visibles dans beaucoup d'endroits. Souvent, par exemple, au sommet des collines on trouve des arbres dont les grosses racines sont à découvert (fig. 20) et dont le tronc ne commence qu'à 1 mètre, ou plus, au-dessus du sol.

L'arbre a-t-il poussé ainsi? Sont-ce les racines qui sont sorties de terre? Évidemment non : c'est la terre du sommet de la colline qui, peu à peu enlevée par l'eau des pluies, a laissé les racines à l'air; il s'est produit sur ce sommet ce qu'on appelle une *dénudation*.

Sur beaucoup de collines crayeuses de Champagne, le sol est couvert d'une énorme quantité de morceaux de silex, tels que ceux qui sont si répandus dans la craie : c'est que la craie très tendre de ces collines a été peu à peu enlevée par l'eau des pluies et que les silex, beaucoup plus lourds et résistant beaucoup mieux à l'action de la pluie, n'ont pas été entraînés. La colline a été dénudée.

Fig. 20. — Les racines des arbres qui poussent sur les collines sont souvent dénudées par l'eau des pluies.

Et ces blocs qu'on trouve au sommet des collines de la forêt de Fontainebleau (fig. 21), ils faisaient autrefois partie d'une seule masse de grès qui recouvrait la colline et qu'on voit encore en place en certains endroits de la forêt. Ce grès n'était pas partout également dur. Les parties relativement tendres ont été emportées par l'eau des pluies, et les

Fig. 21. — Sommet de collines dénudées par l'action des pluies.

parties dures ont formé ces blocs qui ne sont attaqués que plus lentement par l'eau des pluies.

C'est de la même manière que l'on peut expliquer la formation des énormes blocs de granite qui recouvrent le sommet des collines du Sidobre, près de Castres.

33. Ce que devient l'eau qui pénètre dans le sol. Sources. — L'eau de la pluie qui ne s'écoule pas à la surface du sol et qui ne s'évapore pas immédiatement après être tombée, pénètre dans le sol. Il en est de même de l'eau qui provient de la fonte des neiges.

Sous l'action de son poids, cette eau tend à s'enfoncer de plus en plus, pour retourner le plus directement possible au niveau de la mer; mais elle ne tarde pas à rencontrer une couche imperméable (E, fig. 22) qui l'empêche de descendre plus bas. L'eau s'accumule alors au-dessus de cette couche, comme si elle tombait au fond d'un vase; elle forme, au-dessus de cette couche, ce qu'on appelle une *nappe d'infiltration*.

54. Où l'on trouve les sources. — L'eau de cette nappe suit la pente plus ou moins douce de la couche imperméable, et quand cette couche affleure à la surface du sol, l'eau s'écoule à l'extérieur : elle forme des sources (S, fig. 22). C'est ce qu'on peut observer aux environs de Paris, aux points où les couches d'argile arrivent à la surface du sol.

On voit quelquefois l'eau suinter sur une grande étendue, sans former une source bien définie : c'est qu'alors la couche imperméable est horizontale. Mais le plus ordinairement cette couche présente des parties plus creuses, où l'eau d'infiltration s'amasse en plus grande quantité; elle s'écoule alors d'un de ces points, en produisant une source.

55. Puits. — Quand on fore un puits, il faut creuser jusqu'à ce qu'on arrive à une nappe d'eau (fig. 23); lorsqu'on y est arrivé, l'eau remplit la cavité qu'on vient de creuser, jusqu'au niveau où elle se trouve dans le sol; si l'on creusait davantage, on percerait la couche imperméable, et l'eau disparaîtrait, en pénétrant dans les couches perméables sous-jacentes.

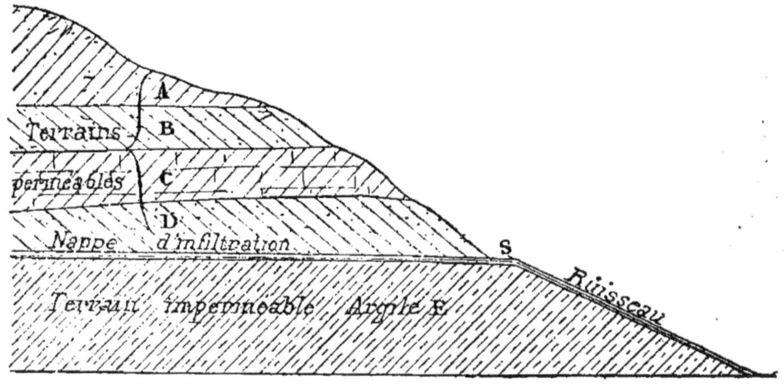

Fig. 22. — On trouve les sources à la limite des terrains perméables et des terrains imperméables.

L'eau se renouvelle constamment dans un **puits**; l'eau de la nappe d'eau ne fait en effet que passer par le puits, en suivant plus ou moins lentement la pente qui entraîne toute l'eau de cette nappe. On peut bien facilement vérifier ce mouvement en jetant dans un puits de petits morceaux de bois, à différents points de sa surface; au bout d'un certain temps, qui dépend de la rapidité du courant souterrain, on voit tous les petits morceaux de bois aller se mettre d'un même côté du puits : c'est évidemment de ce côté que l'eau sort du puits; elle entre par le côté opposé.

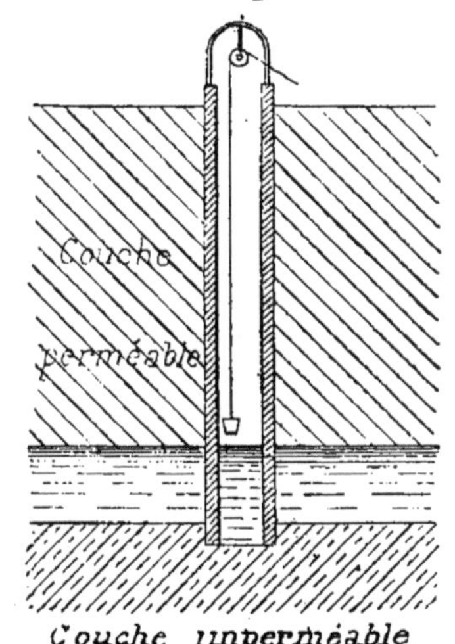

Fig. 23.—Un puits est une cavité creusée dans le sol jusqu'à la rencontre d'une nappe d'eau.

Un puits foré dans une nappe d'eau bien alimentée ne

tarit jamais ; l'eau qu'on en retire est presque immédiatement remplacée par une nouvelle quantité d'eau qui provient du sol

56. Le débit des sources est variable. — Après des pluies prolongées ou des fontes de neige considérables, il s'introduit dans le sol beaucoup d'eau par infiltration ; le débit des sources est augmenté ; ce débit diminue, au contraire, après une longue sécheresse ; il peut même arriver, dans ce cas, que les sources tarissent complètement.

Toutefois il n'y a pas un rapport constant entre la quantité d'eau qui tombe sur le sol et le débit des sources ; si cette eau tombe en grande quantité à la fois, la plus grande partie coule sur le sol, en formant un ruissellement très abondant ; une très faible partie entre dans le sol par infiltration.

Le contraire a lieu si une pluie fine dure longtemps ; elle produit alors très peu de ruissellement, et presque toute l'eau tombée entre dans le sol.

La nature de la surface du sol a donc sous ce rapport une importance très considérable : un sol couvert de végétation retient une grande quantité d'eau qui peut entretenir les sources. Dans le pays appelé Dévoluy (Hautes-Alpes) et dans des vallées élevées des Pyrénées, particulièrement dans celle de l'Ariège, il y avait autrefois une belle végétation, des bois, des prairies : on y trouvait alors des sources abondantes ; ces sources tendent maintenant à disparaître, sous l'effet du déboisement.

57. Puits artésiens. — Il peut arriver qu'une roche perméable, du sable par exemple, se trouve placée entre deux couches de roches non perméables, comme de l'argile (fig. 24).

L'eau de la pluie qui tombe sur la couche de sable à l'endroit où elle affleure à la surface du sol, s'y enfonce ; il en est de même de l'eau des ruisseaux qui arrivent sur ce terrain : on la voit disparaître. Cette eau se répand dans le sable, dont elle remplit tous les interstices dans la partie profonde ; il se forme une nappe d'eau qui suit exactement toutes les sinuosités de la couche de sable ; si cette couche se relève, le niveau de l'eau se relève aussi, comme il le ferait dans des vases communiquants. Une masse d'eau considérable peut donc se trouver ainsi renfermée, comme entre les deux fonds d'une boite à double fond.

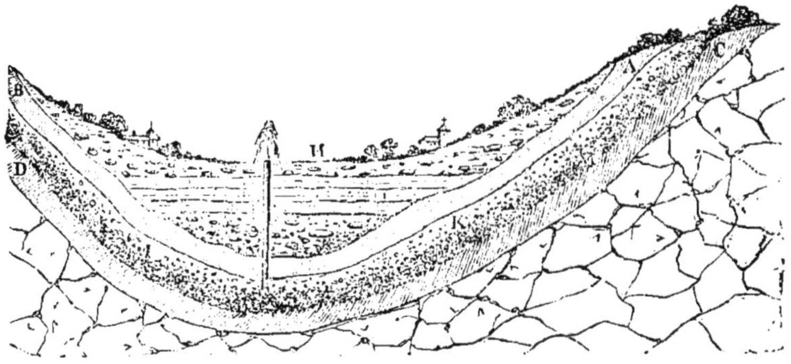

Fig. 21. — Coupe d'un puits artésien.

BA, couche d'argile imperméable. — IK, couche de sable perméable, nappe d'eau. — DC, couche d'argile imperméable. — II, niveau du sol.

Si alors, en un point plus bas que le niveau supérieur de l'eau, on fore un puits qui perce la couche imperméable supérieure, l'eau jaillira avec force par l'ouverture de ce puits, en suivant les lois de l'équilibre des liquides. Ces puits d'où l'eau jaillit sont connus sous le nom de *puits artésiens.*

Le puits de Grenelle et le puits de Passy, à Paris, sont des puits artésiens ; ils donnent à eux deux de quinze à vingt mille mètres cubes d'eau en vingt-quatre heures. La couche de sable qui fournit l'eau de ces puits a la forme d'une coupe qui est enfermée entre deux couches d'argile. Cette couche de sable affleure en Normandie et en Champagne à un niveau supérieur à celui de Paris ; c'est là que l'eau pénètre. Paris est presque le point le moins élevé de cette couche ; c'est à une profondeur de plus d'un demi-kilomètre qu'il a fallu creuser pour l'atteindre.

Les puits artésiens rendent de très grands services dans

beaucoup de pays. C'est ainsi que le forage d'un grand nombre de ces puits a rendu habitables certaines parties de l'Algérie, et particulièrement du Sahara, dont le niveau est, en beaucoup d'endroits, inférieur d'une trentaine de mètres à celui de la mer.

Les puits artésiens, ainsi nommés parce que vers le onzième siècle ils ont été d'abord adoptés dans l'Artois, étaient connus dans la plus haute antiquité : on les employait en Égypte, et il y en avait un très grand nombre aux environs de Thèbes.

38. Eaux courantes. — L'eau des sources, en se répandant à la surface du sol, s'écoule de manière à toujours descendre le plus vite possible. Le ruisseau que va former cette eau va donc suivre la pente la plus rapide du sol.

Les ruisseaux se réunissent pour former des cours d'eau de plus en plus considérables.

39. Pente, vitesse, débit des cours d'eau. — La pente des cours d'eau est ordinairement beaucoup plus rapide dans la partie supérieure de leur cours que dans la partie inférieure. En général, excepté dans les pays de montagnes, cette pente est très faible.

Le Rhône, qui est très rapide, a une pente d'environ $\frac{1}{5}$ de millimètre par mètre; la Seine, qui a un cours assez lent, a une pente de $\frac{1}{10}$ de millimètre par mètre. Pour être navigable, un cours d'eau ne doit pas avoir une pente supérieure à 1 millimètre par mètre.

La vitesse d'un cours d'eau dépend de la quantité d'eau qu'il renferme et de la pente sur laquelle coule cette eau. La Seine à Paris a une vitesse de $0^m,50$ par seconde ; celle du Rhin à Strasbourg est de 2 mètres.

Le débit ordinaire de la Seine à Paris est de 75 mètres cubes par seconde. Ce n'est là qu'une très faible partie de l'eau qui tombe dans le bassin de Paris; on croit, en effet, pouvoir estimer que $\frac{1}{8}$ seulement de l'eau tombée dans le bassin de la Seine retourne à la mer par la Seine; les $\frac{7}{8}$ de cette eau sont évaporés à la surface du sol, ou passent indirectement dans la mer, par infiltration.

La Loire, à Orléans, a un débit moyen de 132 mètres cubes par seconde.

Le fleuve des Amazones, le plus grand fleuve du monde, porte à la mer de 3 à 4000 fois plus d'eau que la Seine.

40. Évaporation immédiate d'une partie de l'eau des pluies. — Une partie de l'eau tombée sur le sol repasse immédiatement à l'état de vapeur; c'est la présence de cette vapeur dans l'air qui cause la fraîcheur que l'on ressent quelques instants après la chute de la pluie. S'il tombe, en été, une pluie qui ne soit pas très abondante, l'eau de cette pluie, tombant sur un sol très chaud, s'évapore presque tout entière et n'augmente pas le débit des cours d'eau.

41. Évaporation par les végétaux. — Une partie considérable de l'eau qui a pénétré dans le sol revient ainsi à l'atmosphère, sous forme de vapeur; celle qui est absorbée par les racines des plantes est aussi rejetée dans l'air, par la transpiration végétale. Cette action est même assez considérable pour que la destruction de la végétation dans un pays, le déboisement par exemple, change complètement le climat de ce pays. Ainsi, certaines parties de la Tunisie, autrefois réputées pour leur fraîcheur, sont devenues presque inhabitables par suite de la chaleur et de la sécheresse; il s'est produit des faits du même genre en Italie, particulièrement aux environs de Naples.

42. Évaporation de l'eau des marais, des lacs, des fleuves, de la mer. — L'eau des sources, en se répandant sur des terrains plats et peu perméables, produit quelquefois des lacs d'où l'eau ne s'écoule pas. Quelques grands lacs sont dans le même cas; ainsi, la ville de Mexico est bâtie au milieu de grands lacs dans lesquels viennent se jeter de nombreuses rivières; aucun cours d'eau ne sort de ces lacs; l'eau qui y arrive s'évapore donc assez rapidement pour que le niveau de ces lacs ne s'élève pas trop.

L'évaporation est quelquefois assez grande sur le lac de
Genève pour qu'il ne sorte pas par le Rhône la moitié de
l'eau qui arrive au lac par tous les cours d'eau qui s'y
jettent. Sur les fleuves dont le parcours est très long, la
quantité d'eau qui disparaît par évaporation est considérable, surtout si ce fleuve est large et si son cours est
lent.

Il se produit ainsi, à la surface de la Terre, un mouvement d'eau absolument comparable à celui que nous pro-
duisons dans un appareil de distillation (fig. 25).

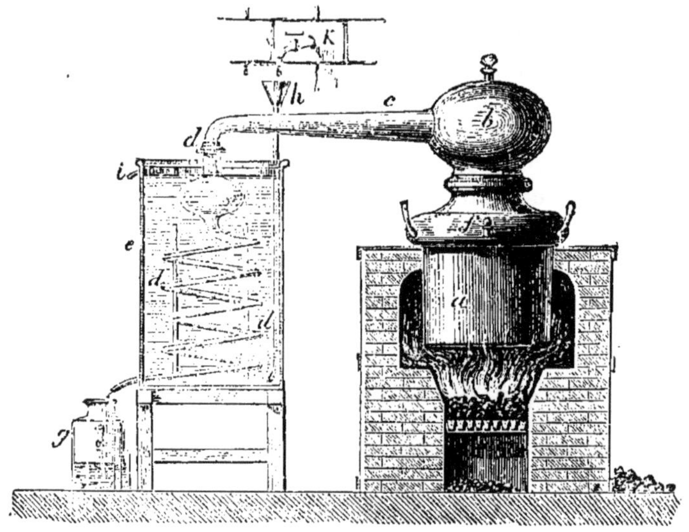

Fig. 25. — Alambic. La vapeur provenant de l'eau qui chauffe en *a*, passe en *f*,
puis en *b*, *c*, se condense en *d*, *d*, *d*, et l'eau liquide tombe en *g*.

Le robinet K laisse écouler de l'eau froide qui tombe dans le tube *h* ; cette eau échauffée
sort en *l*.

Quelle que soit d'ailleurs la disposition de l'embouchure
des fleuves, l'immense quantité d'eau qu'ils portent dans la
mer n'en change aucunement le niveau; l'augmentation de
volume que tendrait à causer cette masse d'eau est compen-
sée exactement par l'évaporation qui se produit à la surface

de la mer; l'eau évaporée retombe en pluie et est, comme nous l'avons vu, l'origine des fleuves.

RÉSUMÉ

Eau de pluie. — Une partie de l'eau de la pluie s'écoule à la surface du sol *par le ruissellement;* une autre partie pénètre dans le sol par *infiltration;* enfin, une dernière partie repasse à l'état de vapeur par *évaporation* et retourne dans l'atmosphère.

Ruissellement. — L'eau qui coule à la surface du sol en dissocie les éléments et en entraîne des débris; la surface du sol se renouvelle donc incessamment. Cet effet se produit même sur les roches les plus dures, tantôt par une action simplement *mécanique,* tantôt par une action de *dissolution.*

L'action générale de l'eau qui coule sur le sol est donc de produire la *dénudation* du sol; les collines s'abaissent, les vallées se creusent de plus en plus.

Infiltration. — Puits. — Sources. — L'eau qui pénètre dans le sol s'y enfonce jusqu'à ce qu'elle rencontre une couche imperméable; elle forme alors une *nappe d'infiltration.* Les sources se trouvent aux points où cette nappe d'eau arrive au niveau du sol.

Si l'on creuse dans le sol jusqu'à ce qu'on arrive à une nappe d'eau, on forme un puits. L'eau d'une nappe d'infiltration étant toujours en mouvement, l'eau d'un puits se renouvelle continuellement.

Le débit des sources varie avec l'abondance des pluies; il varie aussi avec la nature de la végétation qui recouvre le sol.

Les puits artésiens sont formés par des nappes d'eau concaves, dont on met artificiellement la partie profonde en communication avec l'extérieur.

L'eau des sources forme des cours d'eau à la surface du sol; la pente de ces cours d'eau, souvent rapide près de la source, devient de plus en plus douce à mesure que l'on se rapproche de la mer.

Évaporation. — Une partie de l'eau de la pluie s'évapore immédiatement après sa chute sur le sol ou peu de temps après; une autre partie, absorbée par les racines des végétaux, s'évapore par les feuilles; l'eau qui va alimenter les marais, les lacs, les fleuves, produit une évaporation très abondante; enfin, la plus grande quantité de vapeur d'eau se forme à la surface de la mer.

CHAPITRE V

43. Un cours d'eau dégrade toujours ses bords.
— Quand nous observons les berges d'une rivière, nous y
voyons toujours des traces de dégradations plus ou moins
récentes. Ces dégradations, produites par le frottement de
l'eau, sont d'intensité très variable, suivant le degré de résistance des bords et suivant la force du courant.

Si les bords sont formés de matériaux peu consistants,
sans adhérence, comme des pierres disséminées dans de la
terre, l'eau les dissocie, et les débris s'écroulent. C'est pour
éviter cette dégradation des bords que l'on construit des
quais le long des rivières qui traversent les villes.

Si, au contraire, l'eau coule dans une roche continue et
présentant une grande consistance, les bords résistent beaucoup, l'eau les use avec une grande lenteur, mais son action
est cependant toujours facile à constater. En effet, si l'on
fait une légère entaille sur une roche au bord d'une rivière, on peut s'assurer que cette entaille s'efface et finit
peu à peu par disparaître. C'est que les bords de cette
entaille ont été usés et que le fond de l'entaille s'est trouvé
au niveau même de la roche. Des sillons de 1 centimètre
de profondeur, creusés ainsi dans des roches formant les
bords de l'Ariège, ont entièrement disparu en huit ans sur
le granite, en trois ans sur le calcaire.

C'est par suite de cette action qu'ont été creusées ces cavités profondes que l'on trouve souvent dans les roches qui bordent les cours d'eau dans les pays de montagnes. La roche qui surplombe s'écroule par l'effet de son poids quand la voûte qu'elle forme n'est plus suffisamment soutenue. C'est aussi ce qui se produit infailliblement, au bout d'un temps plus ou moins long. pour les quais les plus solidement construits : la base est rongée par l'eau de la rivière, et si l'on ne réparait pas à temps cette dégradation, l'épaisse muraille qui forme les quais s'écroulerait dans le lit de la rivière.

Les piles des ponts nous présentent le même phénomène. En amont, elles sont rongées par le courant qui vient se briser contre elles; en aval. le même effet se produit aussi, mais il est beaucoup plus faible.

44. Les pierres qui tombent dans une rivière sont usées par le courant. — Si les blocs détachés des bords et tombés dans le lit de la rivière ne sont pas trop gros, ils sont entraînés par le courant, qui les roule; ces blocs s'usent par l'action des chocs sur les pierres voisines : leurs angles sont émoussés et, au bout d'un certain temps, on ne voit plus dans la rivière que des pierres plus ou moins arrondies.

De nombreuses expériences ont été faites pour constater l'intensité de cette action.

Si, dans un cours d'eau rapide, on jette des cubes de pierre, ces cubes, s'ils ne sont pas trop grands, sont entraînés par l'eau; si on les recueille à une distance de quelques kilomètres au-dessous, ces pierres n'ont plus du tout la forme cubique, elles sont arrondies, leurs angles ont entièrement disparu; elles ont beaucoup diminué de volume. Cette diminution est d'autant plus grande, que ces pierres sont moins dures. Ainsi, les blocs de granite sont encore bien gros quand les blocs de calcaire sont déjà tout petits, ou même ont entièrement disparu. C'est ce qui explique pourquoi dans la partie basse de quelques rivières qui traversent des terrains calcaires et granitiques, on ne trouve que du granite; on ne trouve plus de cailloux calcaires.

Si les pierres qui tombent dans la rivière sont trop lourdes pour être roulées par l'eau, ces pierres n'en prennent pas moins une forme arrondie. Ainsi, un gros bloc (fig. 26) à arêtes vives tombe-t-il dans un courant qui n'est pas assez fort

Fig. 26. — Les arêtes des gros blocs de pierre qui tombent dans une rivière s'émoussent rapidement.

pour l'entraîner, on voit bientôt ses arêtes s'émousser ; toutes les pointes saillantes de ce bloc disparaissent, et son volume diminue de plus en plus, jusqu'à ce qu'il disparaisse entièrement au bout d'un temps plus ou moins long.

45. Chutes d'eau. — Une rivière tend toujours à creuser davantage son lit, et si l'on ne voit pas le lit devenir de plus en plus profond, c'est que l'eau, en coulant, entraîne toujours

des matériaux qui tendraient, au contraire, à exhausser le
fond sur lequel coule la rivière ; l'effet produit est d'autant
plus grand, que le terrain sur lequel l'eau coule est moins
résistant. Si donc la résistance du fond change brusquement,
si l'eau, coulant sur une roche peu résistante, vient à rencontrer un fond plus dur, le courant dans la partie haute

Fig. 27. — Quand une rivière coule sur une roche plus résistante que celle sur
laquelle elle coulait précédemment, il peut se former un lac sur la roche
tendre.

va user ses bords, plus que dans la partie basse ; la partie
haute va s'élargir, tandis que la partie basse sera peu profonde et peu large ; il pourra même alors (fig. 27) se former
un lac en amont de la roche dure.

Si c'est l'inverse qui a lieu, si c'est le terrain le moins
résistant qui est en aval, l'eau creusera la partie basse plus
que la partie haute ; l'eau passera donc brusquement d'un
niveau à un autre, il se formera en ce point une *chute d'eau*
(fig. 28) ; cette chute sera d'autant plus élevée que la différence de dureté sera plus grande entre les deux roches.

Si la roche du haut est très dure, la chute d'eau est
brusque ; si cette roche n'est pas très dure, l'eau peut

l'user assez pour former un plan incliné (fig. 28); l'eau du
cours d'eau ne tombe plus, mais elle coule sur une surface
très inclinée.

Fig. 28. — Si la roche de la partie haute n'est pas très dure, l'eau ne tombe pas
elle coule sur un plan très incliné.

46. Recul des chutes d'eau. — Si la roche dure n'a pas
une très grande épaisseur et qu'elle repose sur une roche
plus tendre, il peut se faire que, la roche de la base s'usant
plus vite que celle d'en haut, il se forme un creux au-dessous de la chute d'eau, et que la roche dure surplombe; c'est
ce qui a lieu pour la fameuse cataracte du Niagara (fig. 29):
l'eau coule sur une couche de calcaire dur reposant sur
une couche tendre qui, en se creusant sous le calcaire, forme
une sorte de galerie qui permet de passer sous la cascade.

De temps en temps, d'énormes blocs de ce calcaire ainsi affouillé se détachent par l'effet de leur poids et s'écroulent.

Des faits du même genre se produisent très fréquemment dans beaucoup de cours d'eau des montagnes; le frottement de l'eau d'une cascade use considérablement la pierre sur

Fig. 29. — Coupe de la chute du Niagara.
a, roche très-dure; — *b*, roche moins dure; — *c, d*, roches tendres.

laquelle elle tombe, et il se forme toujours un gouffre plus ou moins profond au-dessous d'une cascade; mais cette eau use aussi beaucoup la roche dure sur laquelle elle coule; cette action a pour effet de faire constamment reculer la cascade. C'est ainsi que des mesures exactes prises dans l'Ariège à la cascade de Caponta, qui coule sur du granite, ont fait constater un recul de près de 1 centimètre par an.

47. Chaudières. — On voit souvent sur les roches polies qui se trouvent au-dessous d'une cascade, des trous cylindriques creusés verticalement dans la roche; on les nomme *chaudières de géants*. La formation de ces chaudières est facile à constater. Au fond de chacune d'elles (fig. 30) nous voyons en effet presque toujours un ou plusieurs cailloux qui, par suite de la grande agitation de l'eau, sont toujours en mouvement. Ce sont des cailloux roulés, amenés par le courant, et qui en tombant sur la roche l'ont usée en ce point, de manière à la creuser un peu; d'autres cailloux tombent de temps en temps au même point et creusent de plus en plus la chaudière; ces cailloux eux-mêmes s'usent assez vite ; d'autres sont amenés par le courant, et la chaudière se creuse toujours, jusqu'à ce qu'elle soit assez profonde pour que l'eau du fond ne soit plus agitée.

Fig. 30. — Chaudières de géants. Trous creusés dans la roche par des pierres apportées par le courant.

48. Action produite sur ses bords par une rivière sinueuse. — Quand une rivière ne coule pas en ligne droite, l'eau n'agit pas avec la même énergie sur les deux bords. A chaque sinuosité, l'eau, qui tend à continuer son mouvement dans le même sens, va se précipiter sur le bord qui lui est opposé, c'est-à-dire le bord convexe, qu'elle ronge constamment ; elle n'exerce au contraire aucune action sur le bord concave. Si cette action dure assez longtemps, il peut se faire que le bord convexe soit détruit et que l'eau,

creusant toujours dans la même direction, aille rejoindre le
cours inférieur de la rivière ; il peut ainsi se produire une
ile si une partie de l'eau continue à suivre l'ancien lit

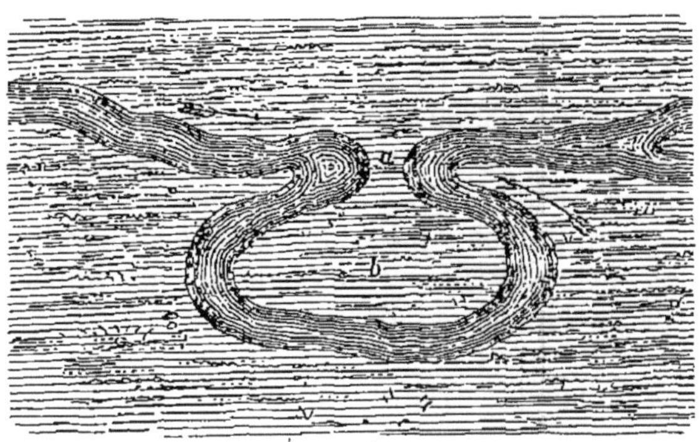

Fig 51. — Les courants se dirigeant vers *a* pourront se rejoindre ;
il se formera une ile *b*.

(fig. 51). On atténue l'action du courant d'un fleuve en con-
struisant des digues ou rives directrices (fig. 52), qui empêchent le courant d'agir directement sur les rives.

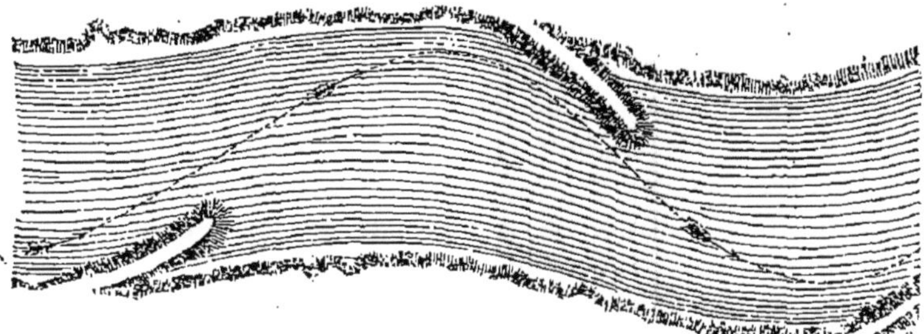

Fig. 52. — La construction de rives directrices protége les bords d'un fleuve.

49. Inondations. Leurs effets destructeurs. — Les
dégradations produites par les cours d'eau sont bien plus
considérables quand l'eau sort de son lit : ce n'est plus seulement sur les rives que l'action destructive se produit, c'est
sur les parties du sol où l'eau ne coule pas d'ordinaire.

Si le courant est violent, la partie superficielle du sol et tout ce qui le recouvre, moissons ou habitations, peut être enlevé sur une étendue très grande, et souvent, où l'on voyait des champs bien cultivés, il ne reste plus, après une inondation, que des masses de pierres.

Quand le courant baigne le pied d'un coteau, l'eau entraîne de très grandes quantités de terre ; il se produit alors des éboulements ; les débris tombent dans l'eau, et le courant les entraîne, s'il est assez rapide.

Les inondations emportant nos récoltes et jusqu'au sol qui les porte, détruisant nos habitations, sont un des fléaux les plus justement redoutés.

50. Causes des inondations. — S'il pleut pendant longtemps, ou si la pluie est très forte, la quantité d'eau qui glisse sur le sol est très considérable ; les nombreux ruisseaux qui se forment alors amènent en peu de temps, dans la rivière où ils se jettent, une quantité d'eau trop grande pour que le lit de la rivière puisse la contenir ; le niveau s'élève alors au-dessus des bords, et l'inondation se produit.

La fonte des neiges, causée par une élévation rapide de température, est fréquemment aussi une cause d'inondations ; mais c'est surtout quand cette élévation de température est accompagnée de pluies abondantes que les inondations, par leur violence et leur soudaineté, produisent les plus affreux désastres ; il y a peu d'années, une partie du midi de la France a été ainsi ravagée par de terribles inondations, causées par des pluies douces, tombant sur une couche épaisse de neige qui recouvrait les Pyrénées.

51. Torrents. — L'une des circonstances qui rendent les inondations si dangereuses, c'est la formation d'un *torrent*. On donne le nom de torrents à des cours d'eau temporaires qui se produisent sur une pente très rapide. Si sur le sommet d'une montagne la neige fond rapidement, ou s'il tombe une pluie extrêmement abondante, l'eau glisse sur la montagne, et tous les ruisseaux formés sui-

vant les pentes les plus rapides se réunissent ; il se creuse
bientôt un ravin dans lequel l'eau peut, si elle arrive en très
grande quantité, acquérir une force de destruction énorme.
Les roches qui forment le sol de la montagne sont arrachées
et précipitées au fond de la vallée ; dans leur chute verti-

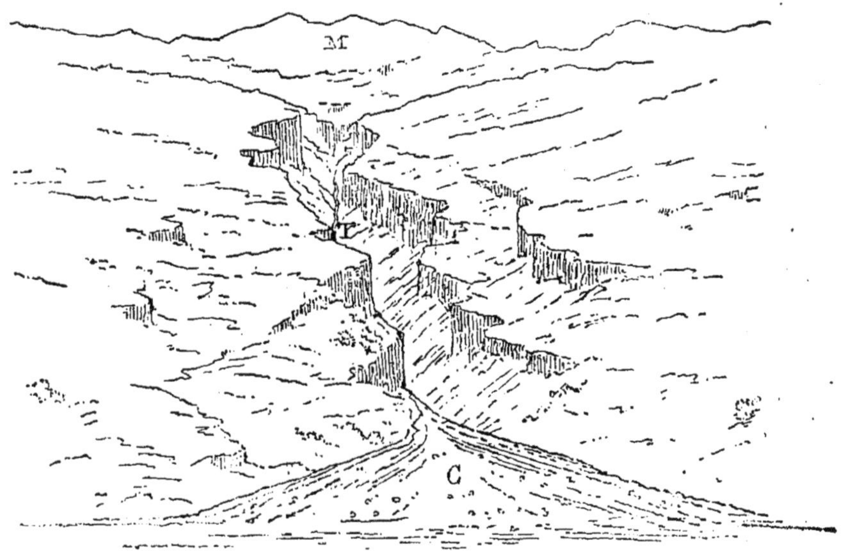

Fig. 55. — Cône de déjection.

Le torrent T, qui s'écoule des montagnes M, abandonne au pied de la montagne un amas
de débris qui forment un cône de déjection C.

gineuse, elles ajoutent leur action destructive à celle des
masses d'eau qui les ont arrachées de la montagne ; le sol
tremble à une grande distance, et une énorme cavité se forme
sur la montagne, qui semble s'être entr'ouverte.

En général, l'eau ne coule dans le torrent que pendant
quelques heures ; le sol se dessèche, jusqu'à ce que les
mêmes phénomènes de destruction se reproduisent dans les
mêmes circonstances.

Les blocs les plus lourds, arrachés à la montagne, restent à la base du torrent (fig. 33) et forment un amas qu'on appelle un *cône de déjection*.

Les blocs moins volumineux sont entraînés jusqu'à la rivière; il arrive fréquemment que des vallées entourées de hautes montagnes soient barrées par l'accumulation des débris amenés par un torrent; il se forme alors en amont un lac dont les eaux sont retenues par cette digue temporaire. C'est la rupture de cette digue qui est ordinairement la cause des inondations les plus désastreuses : l'eau qui s'est amassée en amont se précipite dans la vallée en entraînant dans sa chute des blocs de pierre d'un poids énorme; rien ne résiste à son passage.

52. Cause de la formation des torrents. — Les inondations étaient autrefois plus rares et généralement moins terribles; quelques fleuves, la Seine par exemple, qui trop souvent de notre temps ravage ses bords, étaient cités par les anciens comme ayant un niveau à peu près constant.

Il est certain que les inondations deviennent, particulièrement en France, de plus en plus fréquentes et de plus en plus terribles. Cherchons-en la cause. Pour cela, observons l'état actuel des pays d'où nous arrivent les inondations, et comparons ces pays à ce qu'ils étaient autrefois, d'après les renseignements que peut nous fournir l'histoire.

Les vallées élevées des Pyrénées, en général complètement dépourvues d'arbres, souvent même de toute végétation, sont habituellement creusées dans le roc absolument nu; rien ne retient l'eau des pluies, souvent extrêmement fortes dans ces régions; rien n'entrave l'écoulement rapide de l'eau de fusion des neiges qui, sous l'action du vent du sud-ouest, se produit quelquefois en très grande quantité. Aussi, de tous côtés, les ravins se creusent de plus en plus. De nombreux ruisseaux qui, il y a vingt ans, coulaient dans un lit de 1 à 2 mètres de largeur, se trouvent aujourd'hui au fond d'un immense ravin de 150 à 200 mètres; ce sont des torrents qui se forment, torrents dont les effets tendent à augmenter, à mesure que leurs dimensions sont plus grandes. Dans bien des points des Alpes, on peut constater les mêmes faits.

La culture de beaucoup de hautes vallées devient impossible; les habitants émigrent.

Que s'est-il donc produit dans ces pays? Autrefois, de magnifiques forêts recouvraient tous les sommets de ces montagnes; les arbres retenaient une quantité d'eau considérable; les feuilles, en tombant sur le sol, le couvraient d'une couche spongieuse, dans laquelle l'eau pénétrait lentement.

Si un ruisseau se formait, les arbres, par leurs racines ou par leurs troncs, le divisaient bientôt, et l'eau arrivait au bas de la vallée par une quantité de petits ruisseaux qui ne pouvaient entraîner que des pierres très petites.

Ces vastes forêts ont été détruites; c'est surtout vers la fin du siècle dernier que cette destruction inintelligente a été consommée. Les habitants n'ont guère tardé à souffrir des conséquences de leur imprévoyance; l'intensité de l'action destructive des eaux n'a, en effet, cessé de s'accroître à mesure que le déboisement de leur pays augmentait.

55. Comment on peut lutter contre les inondations. Reboisements. — Puisque la cause des inondations est connue, on voit ce qu'il y aurait à faire pour en diminuer l'intensité.

C'est le déboisement des montagnes qui est la cause du mal, c'est donc dans le reboisement qu'est le remède. Mais si le déboisement est rapide, le reboisement est très long, souvent très difficile et quelquefois presque impossible; il faudra, dans bien des points, abandonner le pays à lui-même pendant des siècles pour que la végétation redevienne possible à sa surface.

Des sommes énormes sont employées chaque année en France pour lutter contre les inondations, soit par les reboisements, soit par de grands travaux de terrassement qui arrêtent le développement des torrents. Il y a dans les

Alpes des torrents qui ont déjà nécessité une dépense de plusieurs millions, et qui, malgré les immenses travaux qu'on a faits pour atténuer leur action, sont encore pour le pays un danger des plus menaçants.

54. Effets de la végétation sur les inondations. — On voit donc que la végétation atténue la violence des eaux et leur action à la surface du sol. Les arbres, par leur tronc et leurs racines, fractionnent les cours d'eau ; les végétaux de petite dimension, l'herbe des prairies par exemple, retiennent aussi beaucoup l'eau, en la divisant considérablement ; si en effet, sur une pente gazonnée, on répand une grande quantité d'eau, on voit que cette eau disparaît presque aussitôt, et ne coule pas à la surface. Le problème à résoudre pour atténuer, sinon pour faire disparaître l'effet des inondations, serait donc de faire recouvrir par la végétation les pays de montagnes d'où les inondations arrivent toujours ; les prairies ne pouvant exister à de très grandes hauteurs, il faudrait chercher à reboiser les hauts sommets et à recouvrir de prairies les pentes inférieures.

Malgré toutes ces précautions, il est impossible dans bien des cas, d'empêcher une inondation de se produire ; il tombe en effet quelquefois une si grande quantité d'eau, que la rivière où se rend cette eau ne peut la contenir : la rivière déborde. Si donc on peut espérer atténuer l'effet des inondations, il paraît impossible de les faire disparaître complètement ; les causes de ces redoutables phénomènes sont trop en dehors de nos moyens d'action.

55. Formation des vallées par érosion. — Tous les phénomènes que nous venons d'examiner et que l'on nomme phénomènes d'*érosion*, nous montrent que les cours d'eau creusent eux-mêmes les vallées dans lesquelles ils coulent, et que ce sont eux qui donnent à la surface de la Terre le relief que nous lui voyons.

Une source située sur un point élevé donne naissance à

un ruisseau qui, coulant sur une pente rapide, a une action destructive très énergique sur ses bords; il se forme une vallée étroite et profonde (fig. 54).

Plus bas, la pente s'adoucit, le courant de l'eau se ralentit et l'action destructive a moins d'effet (fig. 55) : la vallée s'élargit.

Tous les ruisseaux qui viennent mêler leurs eaux, ayant la même action sur leurs bords, formeront des vallées du même genre. On voit que le bassin d'un fleuve, creusé par ce fleuve et par tous les cours d'eau qui viennent s'y jeter, aura la forme d'une sorte de cuvette ouverte du côté de la mer; les bords de la cuvette sont formés par les collines ou les montagnes d'où sortent tous les ruisseaux qui par leur réunion forment le fleuve.

56. Cours d'eau souterrains. — L'eau qui produit une source a nécessairement circulé sous le sol avant d'arriver à la surface; elle a passé par une série de cavités communiquant entre elles et formant une sorte de conduit. C'est par l'existence de canaux souterrains de cette nature qu'on peut expliquer la disparition subite de certains cours d'eau, qu'on voit reparaître à une distance plus ou moins considérable, comme le Rhône à son entrée en France, ou la Touvre près d'Angoulême, ou encore la Garonne au pied de la Maladetta.

Un grand nombre de sources, surtout les plus abondantes, ne sont ainsi que la réapparition d'un cours d'eau qui s'est engouffré dans le sol, en totalité ou seulement en partie.

C'est ainsi que la source du Loiret, près d'Orléans, est simplement le point où arrive à la surface un bras souterrain de la Loire; l'eau du Loiret se trouble en même temps que celle de la Loire, en prenant la même teinte; son niveau subit aussi les mêmes variations que celui de la Loire.

La disparition de ruisseaux que l'on retrouve plus loin, sous la forme d'une source, est un phénomène très habituel dans les pays accidentés. Au-dessous des lacs qui occupent

les régions supérieures des montagnes, on trouve souvent
des sources abondantes qui sont certainement en relation di-

Fig. 34. — Les cours d'eau rapides des pays de montagnes usent constamment
leurs bords, et coulent dans des vallées profondes.

recte avec ces lacs; l'eau de ces sources se trouble aussi
comme l'eau du lac, et au même moment; on a vu, dans ces
sources, apparaître des poissons de la même espèce que ceux

du lac ; enfin, en dissolvant une matière colorante dans le
lac, on a, quelques heures après, constaté dans l'eau de la
source la présence de cette matière colorante.

Fig. 55. — Dans la partie basse des cours d'eau les vallées s'élargissent.

57. Érosion par les cours d'eau souterrains. — Le
frottement continuel de l'eau sur les parois des conduits
souterrains doit user les roches sur lesquelles passe cette
eau ; et tous les phénomènes que nous avons observés sur
les bords des cours d'eau de la surface de la Terre doivent
avoir lieu sur les parois des cours d'eau souterrains ; leur
lit doit donc s'élargir et se creuser : il doit s'y produire
des érosions et des éboulements.

**58. Desséchement d'un lac par des canaux souter-
rains. —** Quel sera l'effet produit par l'agrandissement des
conduits souterrains qui communiquent avec le fond d'un
lac ? Un jour viendra où la quantité d'eau qui pourra s'é-
chapper du lac sera assez grande pour que le lac se dessèche.

Les Pyrénées et les Alpes nous montrent une foule de faits
de ce genre.

59. Formation de grottes par des cours d'eau sou-

terrains. — Quand un canal souterrain s'est beaucoup agrandi, il forme une grotte; il arrive même souvent que l'on voit encore couler dans une grotte le ruisseau qui l'a formée. Quelquefois le cours d'eau est assez important (fig. 56) : dans les Pyrénées, par exemple, la rivière de l'Arize

Fig. 56. — Un cours d'eau souterrain forme une grotte.

passe sous une magnifique voûte, creusée sous une montagne dont la hauteur est d'environ 1000 mètres. L'Arize passe par cette grotte, dite « grotte du Mas d'Azil », en sortant d'une vaste plaine presque horizontale et tout entourée de hautes montagnes. Cette plaine est évidemment le fond d'un ancien lac ; ce lac a été desséché par suite du grand développement du conduit souterrain formant aujourd'hui cette grotte.

L'Arize, par ses fréquentes inondations, continue à agrandir la grotte, qui augmente aussi en hauteur par suite de la chute assez fréquente de blocs de pierre détachés de la voûte.

Dans beaucoup d'autres grottes où l'on ne voit pas actuellement de cours d'eau, il est facile de constater qu'il en a existé autrefois : c'est ce qu'attestent des bancs de sable, des cailloux roulés, des traces d'érosion sur les roches des bords.

Il est donc certain qu'un grand nombre de grottes sont dues à l'action destructive d'un courant souterrain, circulant dans des roches plus ou moins friables.

60. Grottes formées par la dissolution des roches. — Il existe aussi bien des grottes dont la situation et la forme ne semblent pas compatibles avec l'origine que nous venons d'indiquer.

On peut quelquefois expliquer leur formation par la dissolution de roches solubles ; si, par exemple, du sel gemme se trouve en amas au milieu d'une roche insoluble, et que pendant de nombreuses années les eaux d'infiltration traversent cette masse de sel, l'eau en dissoudra une certaine partie et ira plus loin former une source salée comme il y en a dans tant de pays. Le sel, en se dissolvant, laissera un vide, et au bout d'un temps plus ou moins considérable il pourra se former une grotte dont la disposition peut être très différente de celle des grottes formées par érosion. Les mêmes faits peuvent être causés par n'importe quelle roche soluble.

Enfin, on ne peut guère expliquer la formation de quelques grottes que par des actions chimiques qui auraient agi sur certaines parties des roches : par exemple, des eaux chargées d'acide auraient attaqué ces roches, puis les auraient dissoutes et entraînées.

61. Sources intermittentes. — L'action des courants souterrains peut encore servir à expliquer un phénomène très curieux, celui des *fontaines intermittentes*.

Les fontaines intermittentes sont des sources qui coulent

pendant un certain temps, puis cessent de couler, pour re-commencer à couler de nouveau pendant le même temps, et ainsi de suite.

On explique ces intermittences en supposant qu'il existe

Fig. 37. — Source intermittente.

Une cavité creusée dans un rocher est en communication avec l'extérieur au moyen d'un tube en forme de siphon ; l'eau arrive lentement dans la cavité, et s'échappe rapidement quand le niveau est monté dans la cavité, assez haut pour amorcer le siphon.

dans le sol une cavité qui est en communication avec la surface au moyen d'un canal en forme de siphon (fig. 37).

En supposant qu'il arrive régulièrement de l'eau dans la cavité, cette cavité se remplira, le siphon pourra être amorcé, et l'eau coulera au dehors. Si alors il se trouve que le siphon ait des dimensions telles qu'il laisse couler l'eau au dehors avec plus de rapidité qu'elle n'arrive dans la cavité, toute cette cavité se videra et le siphon cessera d'être amorcé; l'eau ne coulera plus à l'extérieur (fig. 38), jusqu'à ce que la cavité se remplissant de nouveau recommence à amorcer le siphon, et ainsi de suite.

Fig. 38. — Source intermittente.

Toute l'eau qui s'était amassée dans la cavité du rocher vient de s'écouler; le siphon n'est plus amorcé, l'eau ne coule plus. La cavité du rocher va se remplir de nouveau.

Cette explication des fontaines intermittentes, qu'on n'a d'ailleurs jamais vérifiée, nécessite le concours de bien des circonstances; et il est permis de penser, quand on considère que les sources intermittentes sont assez nombreuses, que ce curieux phénomène peut, dans bien des cas, avoir une autre cause que celle que nous venons d'indiquer.

62. Action des vagues sur les côtes. — L'eau de la mer

exerce en beaucoup de points une action destructive très énergique sur les continents.

Les vagues, qui battent incessamment les côtes, usent par leurs chocs répétés les roches les plus dures, désagrègent et creusent profondément celles qui sont friables (fig. 39); quand une roche tendre se trouve enclavée dans une roche dure, il se forme souvent des grottes profondes par suite de la désagrégation de la roche tendre. L'entrée de ces grottes est quelquefois très petite; dans la belle grotte

Fig. 39. — Les vagues, en venant battre le pied des falaises, les dégradent continuellement.

d'Azur de l'île de Capri, l'entrée est si étroite, qu'il faut se baisser beaucoup pour y pénétrer; le jour n'y arrive qu'en traversant une épaisse couche d'eau, dont la magnifique couleur bleue donne à cette grotte son aspect si particulier.

Quand la mer est agitée et que le vent soulève d'énormes vagues qui viennent se précipiter sur les côtes, l'action de destruction devient très puissante : des blocs de pierre sont arrachés violemment des falaises et roulent dans la mer; c'est ainsi qu'après chaque tempête on peut constater sur nos côtes des dégradations souvent considérables.

63. Recul des falaises. — Les côtes abruptes étant ainsi constamment entamées, il en résulte que la mer s'avance continuellement. La Manche gagne en moyenne 2 mètres par an au cap de la Hève; sur les côtes de la Seine-Inférieure et du Calvados, la mer s'avance aussi chaque année d'une manière très notable; il en est de même des falaises de Biarritz. Il suffit d ailleurs de jeter les yeux sur ces falaises à pic (fig. 39) pour comprendre l'action que doivent avoir sur elles les vagues qui viennent sans cesse battre leur pied.

Dans les falaises formées de roches tendres, s'il existe des

Fig. 40. — Les roches dures résistent plus longtemps à l'action des vagues que les roches tendres; elles présentent souvent des aspects très pittoresques.

massifs de roches plus dures, ces roches dures sont attaquées bien plus lentement par les vagues, et pendant des siècles elles restent isolées dans la mer et présentent souvent l'aspect le plus pittoresque (fig. 40), comme à Étretat et à Biarritz.

Quand les pierres dures des falaises sont isolées en petites masses, comme cela a lieu à Dieppe, ces pierres s'accumulent à la base des falaises et les vagues les agitent sans cesse; chaque vague les soulevant, puis les laissant retomber, ces pierres prennent rapidement une forme aplatie : ce sont des *galets*.

Les pierres dures se morcellent de plus en plus, et finissent par devenir très petites; elles forment alors du sable.

64. Action des marées. — C'est surtout sous l'action
des marées que se manifestent les phénomènes d'érosion
les plus importants. Des courants violents se produisent
alors sur les côtes, à quelques heures d'intervalle, tantôt
dans un sens, tantôt dans un autre; le niveau de la mer
s'élève et s'abaisse de plusieurs mètres, et de nombreux
débris, arrachés du sol, sont entraînés au large.

65. Action des courants marins. — La mer n'est pas
seulement agitée par les courants des marées, elle l'est
aussi par des courants réguliers, qui se dirigent toujours
dans le même sens. Ces courants rongent d'une manière
constante les falaises au pied desquelles ils coulent; il existe
des côtes où, sous l'action de ces courants, les falaises re-
culent de plusieurs mètres par an.

66. Origine de la forme sinueuse des côtes. — C'est
sous l'action de toutes ces causes de destruction par l'eau de
la mer que les côtes prennent les formes sinueuses que
nous leur voyons.

Le sol n'offre pas partout une égale résistance; les parties les plus tendres disparaissent les premières, en formant
une série de petites baies; les parties les plus dures forment des caps ou quelquefois des îles.

L'élévation du sol au-dessus du niveau des eaux a aussi
une grande influence sur la forme des côtes; si toutes les
conditions sont les mêmes, la mer met un temps plus long
à détruire une falaise élevée qu'une falaise plus basse; les
parties élevées du sol devront donc s'avancer dans la mer,
en formant une suite de caps séparés par de petits golfes.

**67. Action des courants marins sur le fond de la
mer.** — Ce n'est pas seulement à la surface qu'il se produit
des courants dans la mer, il s'en produit aussi qui glissent
sur le fond. Ces courants exercent une action qu'on a pu

souvent constater : ils modifient la forme du fond de la mer, creusent certains points, en exhaussent d'autres ; dans la Manche particulièrement, ils déplacent en peu de temps des bancs de sable considérables.

68. Cause des courants marins. — La plupart des courants marins peuvent s'expliquer par l'inégalité de tempéra-

Fig. 41. — L'eau, chauffée par la lampe à alcool, monte au milieu du vase ; l'eau de la surface, qui est plus froide, redescend sur les bords.

Fig. 42. — L'eau, refroidie au contact de la glace, tombe au milieu du vase.

ture de l'eau. L'eau chaude est plus légère que l'eau froide (fig. 41 et 42) : l'eau qui se trouve sous l'équateur s'échauffe sous l'action du soleil ; elle tend à monter et à se répandre à la surface ; en même temps, l'eau qui est vers les pôles est froide et tend à tomber vers le fond : c'est cette eau froide qui forme les courants inférieurs. D'une manière générale, ces courants inférieurs sont froids et se dirigent vers l'équateur ; puis, quand elle est échauffée, l'eau se rend vers les pôles par des courants de surface, poussée par l'eau froide qui prend sa place et s'échauffe à son tour.

RÉSUMÉ

Action des courants d'eau douce. — Les cours d'eau, même ceux dont l'eau coule très lentement, usent continuellement leurs bords ; les pierres les plus dures s'émoussent et prennent une forme arrondie sous l'action du passage constant de l'eau à leur surface.

Le lit du cours d'eau tend aussi à se creuser de plus en plus; si l'eau passe d'un terrain dur sur un terrain tendre, il peut se produire une chute d'eau ; si au contraire un sol dur succède à un terrain tendre, il peut se former un lac en amont du terrain dur.

Les pierres sur lesquelles glisse l'eau d'une chute d'eau s'usent **assez** rapidement pour qu'on puisse facilement constater que la **chute recule** constamment.

Inondations. — Torrents. — Quand il arrive dans une rivière **plus** d'eau que son lit n'en peut contenir, il se produit une inondation. La dénudation produite par les inondations est en rapport avec la rapidité du courant.

Les *torrents* sont des cours d'eau temporaires qui se forment sur une pente rapide, après de fortes pluies, et surtout après une fonte rapide de neiges. L'absence de végétation sur les hauts sommets est la principale cause de la formation des torrents. Le reboisement est donc le moyen le plus efficace de lutter contre l'effet désastreux des torrents.

Cours d'eau souterrains. — Grottes. — L'eau d'infiltration peut, en coulant toujours dans les mêmes parties du sol, former un canal ; ce canal s'agrandit sans cesse, par suite du passage de l'eau, et peut former des grottes. Des grottes sont aussi formées par la dissolution dans l'eau d'infiltration des substances solubles.

Action destructive de l'eau de la mer. — Les vagues poussées par le vent, les marées, ont une action destructive très énergique sur beaucoup de points des côtes. La forme sinueuse des côtes est due à la résistance inégale que présentent les divers terrains qui forment les côtes. Les courants réguliers de la mer dus à l'inégale température des eaux ont aussi une grande action sur les côtes.

CHAPITRE VI

LES GLACIERS.

69. Description d'un glacier. Moraines. — Dans beaucoup de pays de montagnes, on trouve des vallées élevées entièrement remplies de glace (fig. 45). Ces masses de glace, qui peuvent atteindre une épaisseur de plusieurs centaines de mètres, forment ce qu'on appelle des *glaciers*.

La surface des glaciers est très inégale : on y voit des parties saillantes présentant les formes les plus diverses, et des cavités profondes nommées *crevasses*, qui atteignent quelquefois jusqu'au sol même de la vallée. La couleur des glaciers est généralement d'un bleu plus ou moins foncé ; cette couleur varie beaucoup avec la saison et aussi avec l'heure du jour.

A la partie la plus basse du glacier, c'est-à-dire à l'endroit où la glace commence à barrer la vallée, au *front* du glacier, on voit ordinairement une quantité considérable de pierres de volumes très différents, amassées les unes au-dessus des autres ; ces pierres, qui forment comme une énorme muraille en avant de la glace (fig. 48), constituent ce qu'on appelle la *moraine frontale* du glacier.

Sur les bords latéraux du glacier, il y a habituellement une masse de pierres qui forment comme une traînée le long de ces bords. Ces rangées de pierres sont les *moraines latérales*.

Enfin dans beaucoup de glaciers on peut observer encore,

sur la masse même de la glace qui remplit la vallée, d'autres rangées de pierres à peu près parallèles aux bords : ces rangées de pierres, dont le nombre est variable, sont les *moraines médianes*.

Si nous regardons les roches de la vallée au niveau où les glaces les envahissent, nous pouvons remarquer que ces roches sont toutes *polies*, comme si elles étaient usées par le frottement, et dans bien des points nous remarquons des raies parallèles creusées dans ces roches; c'est ce qu'on nomme des *stries*.

On voit toujours un cours d'eau sortir du front d'un glacier ; cette eau est ordinairement fort trouble.

Nous verrons plus loin quelle est l'importance de ces roches polies et striées, comme caractère des vallées glaciaires.

70. La glace des glaciers est en mouvement. — Un glacier présente l'aspect d'une immobilité complète, mais cette immobilité n'est qu'apparente : la glace des glaciers descend la vallée dans laquelle elle se trouve; si elle paraît immobile, c'est que son mouvement est très lent, et qu'elle ne se déplace presque pas pendant le temps où on la regarde.

Il y avait déjà assez longtemps qu'on soupçonnait le mouvement des glaciers, quand, au commencement de ce siècle, de Saussure prouva son existence au moyen d'une expérience concluante. Cette expérience, qui a souvent été répétée, consiste à fixer un piquet dans la roche, sur chacun des bords opposés d'un glacier (AB, fig. 45), puis à planter des jalons c, d, e, f, g, h, qu'on enfonce profondément dans la glace, suivant la ligne droite qui joint les deux piquets fixés sur la roche. Si la glace était immobile, les jalons placés en ligne droite resteraient toujours en ligne droite; or, quelques jours après, on peut constater que tous les jalons enfoncés dans la glace se sont déplacés dans le même sens; ils ont descendu la pente de la vallée en c', d', e', f', g', h'.

Les glaciers sont donc en mouvement, ils descendent la vallée dans laquelle ils se trouvent, comme le ferait un

Fig. 43. — Glacier avec moraines médianes.

courant d'eau liquide; mais ils le font beaucoup plus

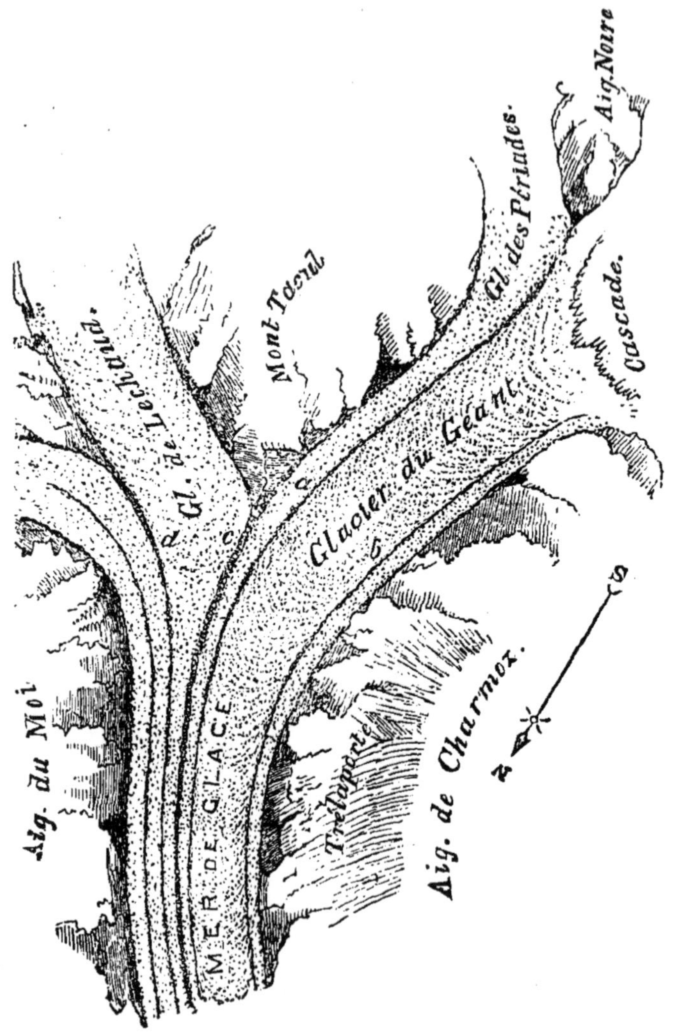

Fig. 44 — Plan d'un glacier, montrant la formation des moraines latérales et médianes. Le nombre des moraines médianes indique le nombre de glaciers qui, par leur réunion, forment le glacier qui remplit la base de la vallée (autant de glaciers plus un qu'il y a de moraines médianes).

lentement. De plus, l'expérience prouve que, dans un glacier comme dans une rivière, le courant est plus fort en certains points que dans d'autres : ainsi, dans une rivière qui coule en ligne droite, le courant est plus fort au milieu que sur les bords; de même, dans un glacier, les jalons du milieu sont beaucoup plus déplacés que ceux qui sont près des bords.

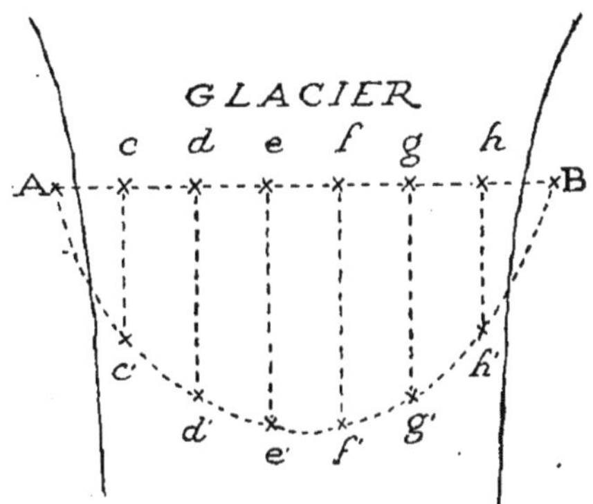

Fig. 45. — Mouvement de la glace des glaciers.

A B, jalons fixés sur les bords du glacier. c, d, e, f, g, h, jalons fixés en ligne droite sur la glace. c', d', e', f', g', h', place des jalons six mois plus tard.

La vitesse de descente des différents glaciers est assez variable; elle n'est d'ailleurs pas la même dans tous les points du glacier; la mer de Glace, près de Chamonix, se déplace en moyenne de 100 mètres par an. Quelques glaciers descendent beaucoup plus vite; on a constaté pour certains glaciers de la Suisse des déplacements de 1 kilomètre par an.

71. Comment on explique la marche des glaciers. — La glace, en se déplaçant dans la vallée, ne coule pas comme le ferait un corps pâteux qui remplirait cette vallée; on sait que la glace est au contraire fort dure et qu'un morceau de glace, même très mince, se casse si l'on essaye de le déformer.

Mais prenons deux morceaux de glace, et pressons-les vivement l'un contre l'autre : nous voyons que, sous l'action de cette pression rapide, les deux morceaux de glace se sont soudés l'un à l'autre, et n'en forment plus qu'un. On a trouvé dans l'interprétation de cette expérience l'explication de la marche des glaciers.

Pourquoi ces deux morceaux de glace se sont-ils soudés? C'est que la glace, sous l'action de la pression, s'est fondue et que l'eau liquide provenant de cette fusion s'est répandue entre les deux glaçons; cette eau, restée très froide, passe de nouveau à l'état de glace dès que la pression cesse d'agir, et soude les deux morceaux de glace. Une action de même nature se passe dans les glaciers : la glace de la partie supérieure du glacier presse de tout son poids la glace de la partie inférieure; cette glace ainsi comprimée se fond, mais elle se regèle immédiatement; cette action se produit dans le glacier depuis le haut jusqu'en bas, c'est-à-dire jusqu'au front, où la glace fondue ne se regèle pas; il en résulte que le glacier paraît descendre la pente de la vallée, comme pourrait le faire un corps pâteux.

72. Formation des moraines. — Le mouvement des glaciers explique la formation des moraines.

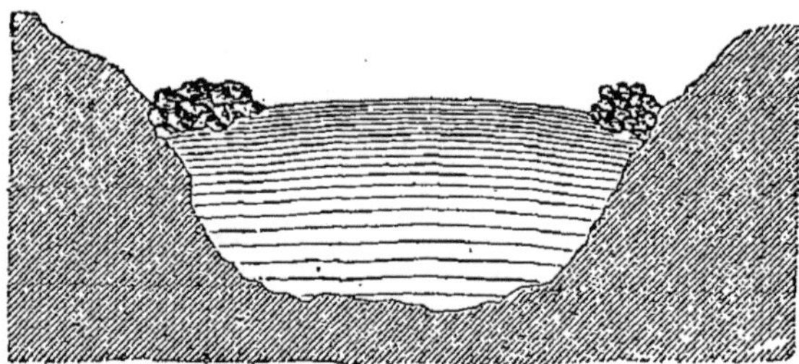

Fig. 46. — Coupe transversale d'un glacier; blocs éboulés formant les moraines latérales.

Les blocs de pierre détachés des parois de la vallée par la pluie ou par la gelée tombent jusqu'en bas, sur la glace; ces blocs suivent alors le mouvement de descente du glacier, et, s'échelonnant le long des bords, forment les moraines latérales (fig. 46).

Quant aux moraines médianes, elles sont formées par la réunion de deux moraines latérales : quand un glacier est

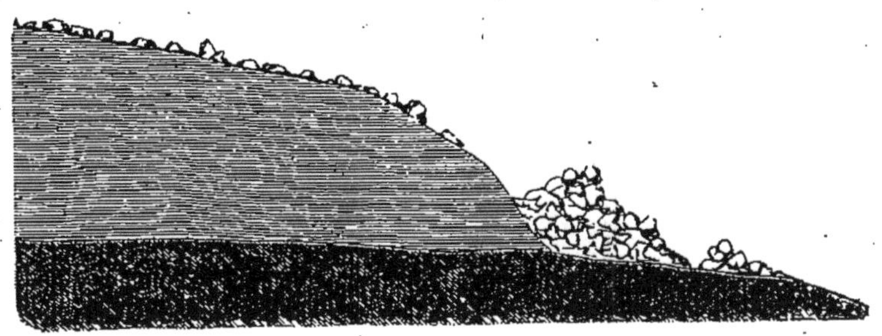

Fig. 47. — Coupe longitudinale d'un glacier.

Formation de la moraine frontale au moyen des blocs des moraines latérales et médianes.

formé par la réunion de deux glaciers situés dans des vallées supérieures, les deux moraines latérales de droite et de

Fig. 48. — Moraine frontale d'un glacier.

gauche se réunissent, et forment alors une seule rangée de pierres sur le milieu du glacier. On peut ainsi, par le nombre des moraines médianes, déterminer le nombre de glaciers secondaires dont est formé le glacier que l'on considère.

Les blocs charriés par les moraines latérales et médianes arrivent ainsi jusqu'au front du glacier; là, la glace qui les portait venant à fondre, les blocs sont abandonnés sur le sol de la vallée; leur accumulation forme cette espèce de muraille qui barre la vallée et qu'on appelle *moraine fron-tale* (fig. 47 et 48).

75. Blocs erratiques. — Des blocs entraînés par les glaciers (fig. 49) sont quelquefois abandonnés par la glace sur les bords du glacier. Ces blocs de pierre, qui sont souvent

Fig. 49. — La surface des glaciers est inégale. — Crevasses. — Blocs charriés par la glace, formant ce qu'on appelle des *tables de glaciers;* ces formations sont dues à ce que la glace qui est sous la pierre fond moins vite que le reste de la surface du glacier.

d'une nature très différente de la roche sur laquelle ils sont déposés, forment des *blocs erratiques;* les blocs erratiques sont très nombreux dans les vallées où il y a des glaciers; il s'en forme toutes les fois que le niveau d'un glacier s'abaisse.

74. Progrès et recul des glaciers. — Puisque la glace descend toujours la pente de la vallée qu'elle remplit, il faut, pour que le front d'un glacier reste toujours au même point, que dans la partie haute de la vallée il se produise une quantité de glace aussi considérable que celle qui fond dans la partie basse.

Si cette égalité entre la quantité de glace formée et la quantité de glace fondue n'existe pas, le front du glacier

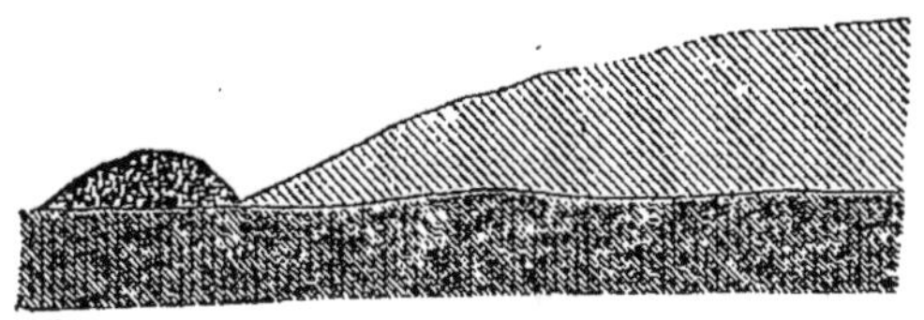

Fig. 50. — Moraine frontale, abandonnée par un glacier qui recule.

ne reste pas au même point; si, pendant quelques années, il se forme une plus grande quantité de glace à la partie supérieure de la vallée, le front du glacier s'avance, la moraine frontale est recouverte par la glace et disparaît; le

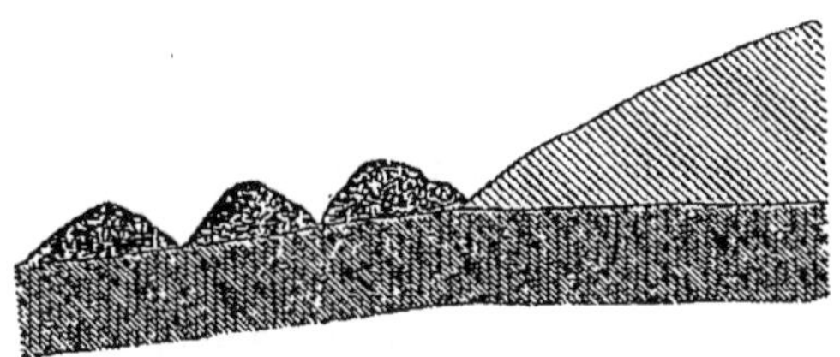

Fig. 51. — Moraines frontales abandonnées par un glacier qui a reculé à trois reprises différentes.

glacier n'a plus de moraine frontale, jusqu'à ce qu'il en ait formé une nouvelle, un peu en avant de celle qu'il vient de recouvrir. Si le contraire se produit, le glacier recule en abandonnant la moraine frontale, qui reste, comme une énorme muraille isolée, en travers de la vallée (fig. 50 et 51).

75. Époque glaciaire. — On trouve très fréquemment, en travers des vallées, dans les Pyrénées ou dans les Alpes, d'anciennes moraines abandonnées par des glaciers, ainsi

que des roches polies et striées. Ces observations prouvent qu'il y a eu une époque où les glaciers étaient beaucoup plus nombreux qu'ils ne le sont actuellement : nous étudierons cette époque sous le nom d'époque *glaciaire*.

76. La température s'abaisse à mesure qu'on s'élève sur les montagnes. — Tout le monde sait que dans un même pays il fait plus chaud dans la plaine que sur les montagnes. La température de la plaine est encore douce en automne, quand déjà les hauts sommets sont couverts de neige; de même ce n'est qu'en été, alors qu'il fait chaud dans la plaine depuis déjà longtemps, que nous voyons la neige disparaître des montagnes.

Ainsi pendant tout l'hiver, tandis qu'il pleut dans la plaine, c'est de la neige qui tombe sur les montagnes. A mesure que les régions qu'on observe sont situées plus haut, les pluies deviennent de plus en plus rares; il ne pleut presque jamais à une hauteur de 5000 mètres et jamais à 5600; à ces altitudes élevées l'eau ne tombe sur le sol qu'à l'état de neige. Quelquefois les chutes de neige sont extrêmement abondantes; dans quelques parties des Alpes, par exemple, la neige tombée dans un hiver forme souvent une couche de plus de 20 mètres d'épaisseur.

77. Ce que devient la neige qui tombe sur les montagnes. — Si ces masses énormes de neige ne disparaissaient pas chaque année, les premières neiges de l'automne tomberaient sur les dernières neiges du printemps; il en résulterait au bout de quelques années une accumulation énorme de neige, qui, allant toujours en augmentant, formerait un immense dôme au-dessus des chaines de montagnes. Cet effet, on le sait, ne se produit nulle part : il y a des montagnes où l'on voit toujours de la neige, été comme hiver; mais cette couche de neige persistante n'augmente pas d'épaisseur.

Que devient donc la neige qui chaque hiver tombe sur les hauts sommets?

Il y en a d'abord une partie qui fond sous l'action de la chaleur de l'été et sous l'effet de la pluie et des brouillards;

l'eau de fusion forme alors de nombreux ruisseaux, qui vont se jeter dans les rivières; ces ruisseaux peuvent, comme nous l'avons vu, donner naissance à des torrents si la fonte des neiges est rapide.

Une autre partie de l'eau de fusion pénètre dans le sol et va alimenter les sources; cette partie qui pénètre dans le sol est d'autant plus abondante, que la fonte de la neige est plus lente.

Mais sur beaucoup de hauts sommets la température ne s'élève au-dessus de 0° que pendant très peu de jours; la chaleur de ces quelques jours est beaucoup trop faible pour faire fondre les masses de neige tombées en hiver. C'est alors que, par les avalanches et par les glaciers, les hauts sommets se débarrassent des neiges qui les recouvrent.

78. Comment se forme une avalanche. — La neige qui tombe sur les hautes montagnes ne présente jamais la forme de flocons, comme nous le voyons dans la plaine; elle a l'aspect d'une fine poussière; cette poussière, facilement enlevée par le vent et entraînée dans les parties creuses, cause ces *tourmentes* de neige, redoutées à si juste titre par les montagnards; elle s'accumule alors dans les profondes vallées de ces régions, où elle peut quelquefois atteindre des centaines de mètres d'épaisseur.

Quand vient le printemps, ou le commencement de l'été, la neige commence à fondre; c'est, on le comprend, par la partie inférieure que la fonte commence ; mais alors les énormes masses de neige de la partie haute ne sont plus soutenues : elles s'écroulent et glissent avec une extrême vitesse; tout ce qui se trouve sur leur passage est détruit : c'est une *avalanche*.

79. Effets produits par les avalanches. — Il ne faudrait pas toutefois exagérer les effets des avalanches; dans beaucoup de pays elles se produisent tous les ans, toujours aux mêmes endroits; leur chemin est tout tracé, on le reconnaît facilement : c'est une vallée très inclinée ne présentant pas de sinuosités et absolument dépourvue de végéta-

tion; on peut facilement y distinguer des traces de glissement. On se garde bien de bâtir des habitations dans le
voisinage, et l'on n'entreprend aucune culture dans toutes
les parties qui peuvent être atteintes. C'est donc exception-
nellement que les avalanches peuvent devenir un fléau :
c'est quand elles ne passent pas par leur route habituelle; cela arrive toutes les fois qu'il est tombé plus de
neige qu'à l'ordinaire, ou que les vents dominant pendant
l'hiver n'ont pas eu la même direction et ont accumulé
la neige dans des vallées où elle ne s'amassait pas ordinairement.

En dehors de ces circonstances exceptionnelles, les avalanches constituent un phénomène régulier, prévu, au
moyen duquel les hauts sommets se débarrassent d'une
partie de l'énorme quantité de neige qui les encombre à la
fin de chaque hiver.

80. Comment on lutte contre les avalanches. — Dans
les points où, de loin en loin, se produisent les avalanches,
on a quelquefois un réel intérêt à garantir les terrains du bas
de la vallée, quand ces terrains ont une grande valeur; c'est,
par exemple, ce qui a lieu à Barèges, dans les Pyrénées,
où des sources minérales très estimées ont été, pendant
plusieurs années, menacées de disparaître sous les masses
de rochers entraînées par les avalanches. On lutte alors
contre l'avalanche en fixant verticalement des pieux en bois
ou en fer, reliés par des branches entrelacées, au point où
les neiges commenceraient à glisser; ces faibles obstacles
sont ordinairement une garantie suffisante pendant quelques
années; pendant ce temps, on plante des arbres dans toutes
les parties hautes de la vallée (fig. 52).

Une forêt devient une garantie naturelle contre l'avalanche;
les neiges du sommet glissent bien encore jusqu'au bas de
la vallée, mais elles se fractionnent et ne peuvent produire
dans leur glissement que des dégâts insignifiants.

81. Comment se forme un glacier. — Si la vallée dans
laquelle s'accumule la neige n'a pas une pente très inclinée,

la neige ne glisse pas sur cette pente, et il se produit un phénomène très différent, en apparence, d'une avalanche.

Quand viennent les journées chaudes, les pluies, les brouillards, cette neige commence à fondre sur place à la surface; l'eau de fusion pénètre dans la masse de neige qui est au-

Fig. 52. — On lutte contre l'avalanche en fixant des pieux, reliés par des branches, aux points où la neige commencerait à glisser.

dessous et qui est très froide; cette eau se regèle alors en passant à l'état de petites boules de glace; il se forme ce qu'on appelle les *névés* : c'est ce que nous voyons d'ailleurs se produire dans la plaine quand la neige reste plusieurs jours sur le sol. La neige fondue se regelant constamment, bientôt toutes les petites boules de glace se soudent, et forment une seule lame de glace remplie d'une quantité de petites bulles d'air.

C'est sur cette couche de glace poreuse que s'accumulent les premières neiges de l'automne. Les neiges pressent de tout leur poids la couche glacée sur laquelle elles reposent. Sous l'action de cette pression et sous l'action de l'eau de fusion qui coule au printemps suivant, la glace poreuse devient de plus en plus compacte. Les mêmes phéno-mènes se produisent tous les ans et il se forme plusieurs couches de glace superposées, provenant chacune des chutes de neige d'une année. On peut ordinairement distinguer l'une de l'autre les couches de deux années consécutives, parce que ces couches sont habituellement séparées par une lame légèrement terreuse, formée par la poussière tombée pendant l'été sur les névés.

Les masses de glace nouvellement formées pressent les couches les plus profondes, qui commencent à descendre lentement la vallée en formant un glacier.

82. Observation d'un glacier depuis son sommet jusqu'à sa base. — Si l'on descend des sommets où naît un glacier jusqu'à sa moraine frontale, on peut suivre toutes les transformations dont nous venons de parler. Tout à fait en haut, on trouve la neige fine pulvérulente, puis viennent les névés de plus en plus compacts, puis enfin la glace ab-solument dépourvue de bulles d'air; on voit nettement les stratifications boueuses séparant les formations annuelles. Si l'on est en été, à mesure que l'on descend, le glacier devient humide et de nombreux petits ruisseaux coulent à sa surface; l'eau de ces ruisseaux arrive jusqu'aux bords du glacier et glisse sous la glace, ou bien on voit ces ruisseaux tomber dans des crevasses et arriver directement sur le sol même de la vallée; c'est cette eau de fusion qu'on voit ordinairement sortir d'une voûte (fig. 55), au front du glacier.

Les crevasses qui se produisent dans un glacier peuvent être transversales (fig. 54) ou longitudinales (fig. 55). Il se

forme souvent au fond d'un glacier des crevasses qui
rayonnent dans toutes les directions (fig. 56.)

Fig. 53. — Cours d'eau trouble, sortant d'une voûte de glace située au bout
du glacier.

83. Eau sortant des glaciers. — Mais cette eau, si
pure sur le glacier, est en général extrêmement trouble
quand elle en sort : c'est qu'elle entraîne tous les débris
des roches que la glace use constamment, en pressant et en

6

glissant sur les bords du glacier. Si l'on observe en effet le

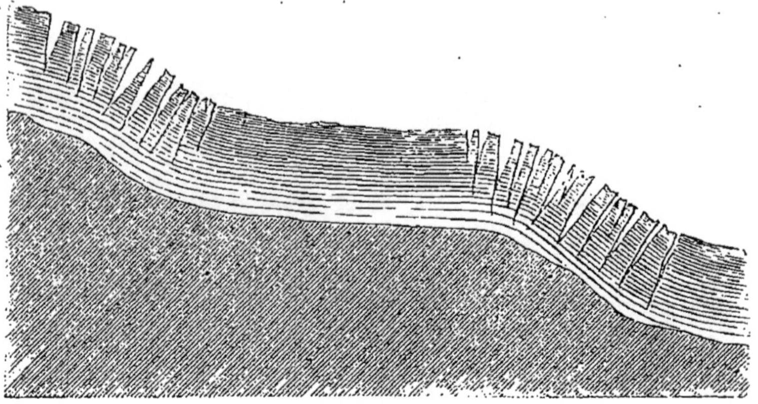

Fig. 54. — Crevasses transversales.

Fig. 55. — Crevasses longitudinales.

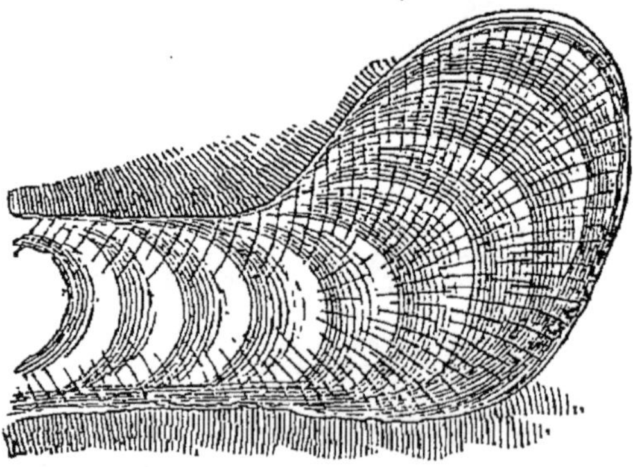

Fig. 56. — Crevasses frontales

fond d'un glacier, on le trouve formé de roches parfaitement

Fig. 57. — Dans les pays voisins des pôles, il y a d'immenses glaciers, qui sont au niveau de la mer. Les blocs qui s'en détachent forment des banquises.

polies, ou creusées de stries parallèles, formées par les arêtes des blocs de pierre que la glace entraîne dans son mouvement.

84. Pays où il y a des glaciers. — Les glaciers sont

très inégalement répandus à la surface de la Terre ; il faut en effet, pour la formation d'un glacier, la réunion de plusieurs conditions indispensables. La rapidité de la pente des vallées élevées, la direction habituelle des vents, leur humidité, l'abondance de la chute des neiges, les inégalités fréquentes de température de l'air, sont autant de causes qui ont la plus grande influence sur cette formation.

La Suisse est un des pays où l'on trouve le plus de glaciers ; quelques-uns atteignent une longueur de 25 kilomètres. On a calculé que la quantité de glace que renferment les glaciers de ce pays est assez considérable pour que l'eau provenant de leur fusion alimente pendant un siècle un cours d'eau aussi abondant que la Seine à son embouchure.

L'Himalaya aussi renferme beaucoup de glaciers ; on en voit de 60 kilomètres de longueur.

Les Monts Scandinaves en présentent un grand nombre, mais généralement ils ne sont pas très étendus.

Enfin, la Nouvelle-Zélande possède de beaux et nombreux glaciers, et ces glaciers sont d'autant plus remarquables qu'ils se trouvent sous un climat très doux. Au pied de ces glaciers, on voit une végétation magnifique, des fuchsias, des fougères arborescentes. C'est grâce à l'altitude des montagnes et à l'humidité des vents régnant ordinairement que ces glaciers peuvent se former.

85. Glaces flottantes. – En général, les glaciers se trou-

vent à des hauteurs d'autant moindres que le pays où ils sont situés possède un climat plus froid. Ainsi, le Spitzberg, le Groenland possèdent d'immenses glaciers dont quelques-uns ont plus de 100 kilomètres de largeur, et ces glaciers sont au niveau de la mer (fig. 57) ; leur moraine frontale est recouverte par la mer. Très habituellement en été, d'énormes blocs de glace détachés de ces glaciers viennent flotter sur la mer; ces *glaces flottantes* (fig. 57), entraînées par les courants venant des pôles, arrivent quelquefois, sans être entièrement fondues, à des latitudes très inférieures. Si ces glaces flottantes portent des rochers, provenant des moraines du glacier dont elles faisaient partie, ces rochers tombent au fond de la mer, quand le bloc de glace n'est plus assez grand pour les porter; ces rochers forment au fond de la mer des blocs erratiques.

RÉSUMÉ

Glaciers. — Les masses de glace qu'on trouve en grande quantité dans les hautes vallées des montagnes forment les *glaciers*. A la partie la plus basse des glaciers se trouve la moraine frontale, sur les côtés les moraines latérales et, si le glacier provient de plusieurs vallées, des moraines médianes.

Mouvement des glaciers. — La glace des glaciers est en mouvement. Le glacier entier se déplace de la montagne vers la vallée. Le mouvement des glaciers s'explique par ce que la glace des parties profondes fond sous l'action du poids de la glace supérieure, puis redevient liquide, regèle, etc.

Formation des glaciers. — A mesure que les glaciers se détruisent en fondant, ils se reforment par leurs parties hautes; la neige qui tombe sur les sommets forme les névés, qui se transforment peu à peu en champs de glace.

Avalanches. — La neige, en glissant sur des pentes, recueille souvent des neiges qui s'y trouvent, et il tombe alors de grandes masses détruisant tout sur leur passage. Ce sont des avalanches.

Glaces flottantes. — Dans les régions polaires, les glaciers se déversent directement dans la mer, de sorte qu'il s'en détache d'énormes blocs de glace qui flottent à la surface de la mer, et qu'on nomme *banquises*.

CHAPITRE VII

DÉPOTS FORMÉS PAR LES EAUX

86. Cônes de déjection des cours d'eau torrentiels.
— Tous les cours d'eau, avons-nous vu, creusent leur lit et
détruisent certains points de leurs rives; occupons-nous
maintenant de ce que deviennent les débris provenant de
toutes ces destructions.

Les cours d'eau torrentiels qui descendent des montagnes
précipitent au bas de ces montagnes les débris qu'ils viennent d'en arracher; une partie de ces débris reste au pied
même de la montagne et y forme ce que nous avons
nommé un *cône de déjection* (fig. 58). Ce cône de déjection,
souvent très étendu, augmente tous les ans; il est habituellement recouvert de végétation, et souvent on y construit
des villages.

Il est cependant imprudent d'installer des habitations
dans de telles conditions. Le petit village de Verdun, dans
l'Ariège, a, en 1875, été victime de cette imprudence. Le
ruisseau torrentiel qui domine le village ayant débordé
par suite d'une crue subite, le malheureux village fut détruit en quelques instants, et l'endroit où il était fut recouvert d'une masse de débris qui sont venus élever le niveau
du cône de déjection. Tel est toutefois l'amour du pays
chez ces montagnards, que les rares survivants de ce dé-

sastre ont aujourd'hui rebâti leur habitation dans le même lieu.

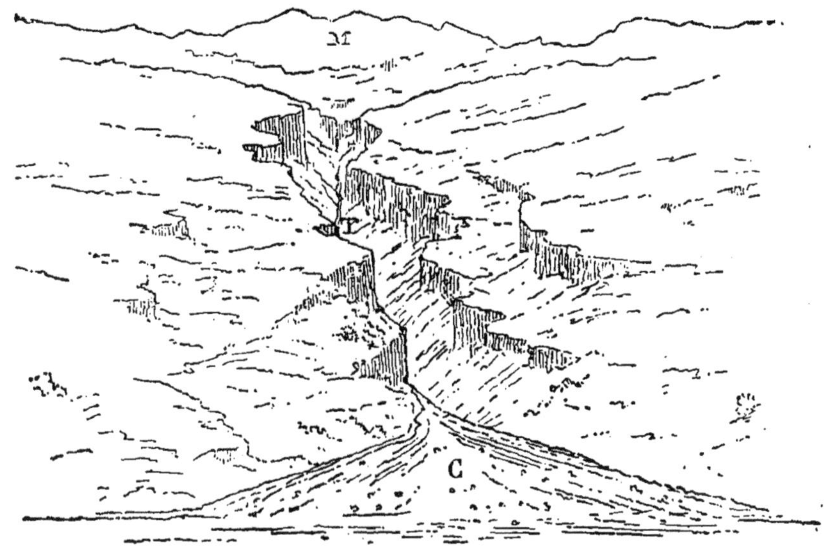

Fig. 58. — Cône de déjection.

87. Dépôts formés par les pierres gélives. — On voit habituellement au pied des montagnes, surtout des montagnes calcaires, des amas considérables de pierres d'un petit volume. Ces pierres ne sont pas apportées par l'eau; elles tombent du haut de la montagne.

Ce qui cause généralement la chute de ces pierres, c'est leur porosité; l'eau des pluies de l'automne les pénètre, et quand vient l'hiver, cette eau gèle; le volume de cette eau renfermée dans la pierre augmente en passant de l'état liquide à l'état solide, et sous cette action la pierre de la montagne est, à la surface, réduite en petits blocs. On dit qu'il gèle à pierre fendre. Ces petits blocs, soudés par la glace pendant l'hiver, se détachent de la montagne et tombent au printemps.

Les pierres qui présentent cette propriété de se briser

ainsi sous l'effet de la gelée, sont dites pierres *gélives*. Ce sont de très mauvaises pierres de construction.

88. Blocs anguleux des hautes vallées. — La plus grande partie des débris enlevés aux montagnes arrive jusqu'au cours d'eau qui coule dans la vallée ; c'est dans cette partie supérieure du cours d'eau qu'on voit les blocs de grande dimension : l'eau n'a pas pu les emporter bien loin ; les arêtes de ces blocs sont encore vives.

89. Blocs arrondis. — Plus bas on trouve les blocs plus petits que le courant a eu assez de force pour entraîner ; sous l'action du mouvement de l'eau et de leur frottement les uns contre les autres ou sur le fond de la rivière, les angles de ces blocs se sont émoussés : la forme générale des pierres est arrondie.

90. Cailloux roulés. Sable. — A mesure que l'on descend la pente de la vallée, on trouve dans le lit de la rivière des pierres de moins en moins grosses ; c'est qu'en effet, la pente étant plus faible, l'eau coule moins vite, et elle abandonne les pierres qu'elle ne peut plus entraîner.

Dans les parties concaves des sinuosités, où le courant est beaucoup moins fort, on trouve bientôt de toutes petites pierres et même du sable.

91. Limon. — Enfin, dans les points complètement garantis de l'action du courant, comme, par exemple, ceux qui se trouvent situés au-dessous d'un coude de la rivière, dans la partie concave, on peut trouver du limon excessivement fin.

Dans la partie basse de la rivière, on ne trouve presque plus de cailloux roulés ; il n'y a plus que du sable et du limon.

92. Formation des alluvions le long de la rivière. Terrasses. — Tous ces dépôts formés par une rivière constituent ce qu'on appelle des *alluvions;* leurs masses, souvent considérables, déposées de chaque côté du fleuve, forment des *terrasses*.

C'est surtout pendant les grandes inondations que se déposent les alluvions ; c'est seulement alors que les gros blocs peuvent être transportés en quantité considérable.

C'est donc après une inondation qu'on peut se rendre compte de la formation de ces dépôts : là où le courant de la rivière sortie de son lit a été très fort, le sol est recouvert de gros cailloux roulés, sur une épaisseur plus ou moins considérable ; aux endroits où le courant a été un peu moins violent, ce sont des masses de sable qui cachent le sol et les moissons qui le recouvraient.

Enfin, dans les parties où l'eau débordée s'est répandue sur une plaine d'une grande étendue, il ne s'est pas produit de courant violent et c'est presque uniquement du limon qui s'est déposé. Or le limon répandu ainsi à la surface constitue pour ce sol un excellent engrais qui l'enrichit ; l'inondation devient une cause de richesse pour les cultures.

95. Protection contre les alluvions pierreuses. — On comprend dès lors l'importance de l'action des courants dans les inondations, et combien on doit chercher à en diminuer l'intensité dans les pays inondés. L'avantage des digues que, dans beaucoup d'endroits, **on élève de** chaque côté d'un fleuve, est souvent discuté : un fleuve abandonné à lui-même se répand de tous les côtés ; le courant est considérablement diminué par l'augmentation de sa largeur ; le niveau s'élève aussi beaucoup moins que lorsque le fleuve est encaissé et que toute la masse d'eau est pressée entre deux digues ; la rupture d'une digue peut, dans ce dernier cas, être cause de ravages incalculables. Il serait peut-être plus avantageux de ne protéger par des digues que les points habités, et d'abandonner à l'inondation tout le reste du pays. A coup sûr, il y aurait avantage, dans les campagnes, à éloigner autant que possible les deux digues l'une de l'autre. C'est ce qu'il est impossible de faire dans les villes ; aussi on sait quelle violence acquiert le courant resserré entre les quais d'une ville.

On a aussi proposé l'emploi des plantations le long des cours d'eau ; le tronc des arbres brise le courant et toutes les alluvions pierreuses se déposent immédiatement.

94. Surélévation du lit d'un fleuve. — Les alluvions ne se déposent pas seulement en dehors du lit d'un fleuve. Aux points où le courant n'est pas très fort, et par conséquent surtout près de son embouchure, où ce fleuve atteint une grande largeur, il peut se déposer des alluvions dans le lit même du fleuve. Ces dépôts ont pour effet d'exhausser le fond sur lequel coule le fleuve, et, cette action continuant pendant de nombreuses années, le lit du fleuve doit nécessairement se déplacer; l'eau coule à droite ou à gauche de l'ancien lit, pour y revenir quelques siècles plus tard.

Ce déplacement du lit d'un fleuve se fait généralement peu à peu, l'eau rongeant un bord à mesure que les dépôts se forment de l'autre. Dans les campagnes cela n'a généralement pas grand inconvénient; il n'en est pas de même aux points où un fleuve traverse une ville : le fleuve est alors endigué et il faut, ou élever sans cesse ses digues à mesure que le fond monte, ou creuser le fond avec des machines à draguer. On emploie ces deux moyens à Ferrare ; dans cette ville le lit du Pô, resserré entre deux digues, domine une partie des maisons.

95. Colmatage. — Le limon formant un sol cultivable d'une grande fertilité, on a cherché à l'utiliser : c'est le but de l'opération agricole connue sous le nom de *colmatage*.

Le colmatage a pour but de répandre sur le sol, au moyen de canaux d'irrigation, les eaux bourbeuses des fleuves au moment où ils débordent, puis de laisser écouler ces eaux quand elles ont déposé leur limon. On a, par le colmatage, transformé des terrains stériles en terrains fertiles. Il serait bien désirable que l'usage s'en répandît dans tous les pays où l'on peut disposer d'eaux bourbeuses et de terrains submersibles.

Quand on songe à la quantité énorme de limon que les fleuves portent chaque année à la mer, on voit quel grand avantage on pourrait tirer du colmatage ; la Seine, par exemple, emporte chaque année près de 400 000 mètres cubes de limon, la Garonne près de 6 millions, le Rhône 21 millions.

Les inondations si célèbres du Nil opèrent un véritable colmatage dans toute la partie basse du bassin de ce fleuve.

96. Comblement des lacs.

— Quand une rivière se jette dans un lac, le courant de cette rivière devient très faible, souvent même insensible, comme cela a lieu pour le Rhône dans le lac de Genève ; alors les substances même les plus ténues, qui étaient en suspension dans l'eau, tom-

Fig. 59. — Un cours d'eau en entrant dans un lac y forme des dépôts, qui élèvent le fond du lac. Ces dépôts peuvent présenter une pente très sensible.

bent au fond du lac ; aussi l'eau des lacs est-elle ordinairement extrêmement limpide. Ces matières forment des dépôts dont les couches successives superposées tendent à combler le lac (fig. 59) du côté où elles se déposent. C'est ainsi que la partie du lac de Genève où arrive le Rhône s'est comblée d'une manière très considérable depuis les temps historiques ; des localités qui étaient sur les bords du lac en sont maintenant éloignées de plusieurs kilomètres.

97. Mouvement constant des alluvions dans le lit d'un fleuve.

— Les grands déplacements des alluvions ont lieu, comme nous l'avons vu, pendant les inondations ; mais, même en temps ordinaire, l'eau d'un fleuve transporte peu à peu les parties les moins lourdes des alluvions pour aller les déposer plus loin. C'est ainsi que se forment dans le lit de certains fleuves, de la Loire par exemple, ces bancs de sables mouvants qui descendent le cours de l'eau ; leur mouvement est assez rapide pour qu'au bout de **peu de** jours on puisse observer un déplacement très sensible.

C'est, en quelque sorte, par étapes successives que les sablés et les limons arrivent jusqu'à l'embouchure. L'eau d'un fleuve détruit donc sans cesse les alluvions qu'il a formées précédemment pour aller plus loin en former de nouvelles avec leurs débris ; ces dernières alluvions auront le même sort que les précédentes, et il en sera toujours ainsi jusqu'à ce que ces alluvions arrivent dans la mer.

98. Embouchure des fleuves. — Les fleuves présentent à leur embouchure des aspects très différents.

On voit des fleuves qui, avant de verser leurs eaux dans la mer, se divisent en un grand nombre de bras formant de petites îles ; l'ensemble de ces îles présente la forme d'un vaste triangle : on dit que le fleuve a un *delta*. Le Rhône, le Nil ont un delta.

D'autres fleuves s'élargissent au contraire considérablement, de sorte que l'on ne voit pas où est la limite entre l'eau du fleuve et l'eau de la mer : on dit que ces fleuves ont un *estuaire*. La Seine, la Loire, la Gironde ont un estuaire.

Enfin, beaucoup de fleuves présentent en travers de leur embouchure une sorte de digue de sable ou de limon qu'on appelle *barre*.

99. Formation d'un delta. — Si un fleuve se jette dans une mer calme, les sables et le limon se déposeront dès leur arrivée dans la mer ; ces alluvions formeront une île au milieu de l'embouchure ; le fleuve se divisera donc en deux bras. Les mêmes phénomènes se produisent bientôt à l'extrémité de ces deux bras : ceux-ci vont donc se diviser chacun en deux autres bras, et ainsi de suite (fig. 60). C'est de cette manière que l'on voit actuellement s'étendre les *deltas;* toutefois cette division d'un bras en deux autres n'est pas aussi régulière qu'on pourrait le croire : très souvent un de ces bras nouvellement formés est obstrué par les alluvions ; souvent même les deux bras sont complètement fermés, et les eaux du fleuve se portent dans les autres bras du delta. C'est la profondeur de la mer et les courants qui peuvent s'y produire qui déterminent la forme du delta.

100. Vitesse d'accroissement des deltas.— Le delta, on le comprend, gagne constamment sur la mer : celui du Rhône avance d'environ 55 mètres par an ; celui du Pô, qui se forme dans l'Adriatique, très peu profonde en ce point, s'avance de 70 mètres. Le delta du Nil ne s'avance que de 4 mètres par an : cela s'explique par ce que le limon transporté par ce fleuve est en grande partie déposé avant d'arriver au delta ; il existe de plus dans la mer un courant qui dirige les eaux du fleuve vers l'est : les dépôts de limon s'étendent alors sur la côte, suivant une grande étendue.

L'immense delta du Mississipi, quoique se formant dans une mer profonde, s'avance d'environ 250 mètres par an.

101. Idée du temps nécessaire à la formation d'un delta. — On a souvent cherché à employer la vitesse de la formation d'un delta à la mesure du temps de périodes géologiques. Ces mesures ne peuvent, on le comprend, avoir rien de précis : le débit du fleuve, la profondeur de la mer, les courants côtiers, les climats, toutes ces conditions peuvent avoir considérablement changé sans que nous puissions nous en douter. Tout ce que l'on peut calculer approximativement, c'est le temps qu'il a fallu au delta pour se former, si les conditions actuelles n'ont pas cessé d'exister depuis le commencement de sa formation.

Les nombres d'années que l'on obtient alors sont très considérables : ils dépassent toujours 50 000 ans.

102. Fleuves sans delta.— Quand le fleuve se jette dans une mer agitée, les dépôts réguliers nécessaires à la formation d'un delta ne peuvent se former à son embouchure ; les débris en suspension dans l'eau sont sans cesse secoués, déplacés et enfin entraînés au loin ; c'est ce qui a lieu aux embouchures de nos fleuves qui se jettent dans l'Océan : les courants des marées montantes et descendantes empêchent tout dépôt stable ; il ne peut donc pas s'y former de delta : il se forme alors un estuaire (fig. 61).

105. Formation d'un estuaire. — Quand la marée

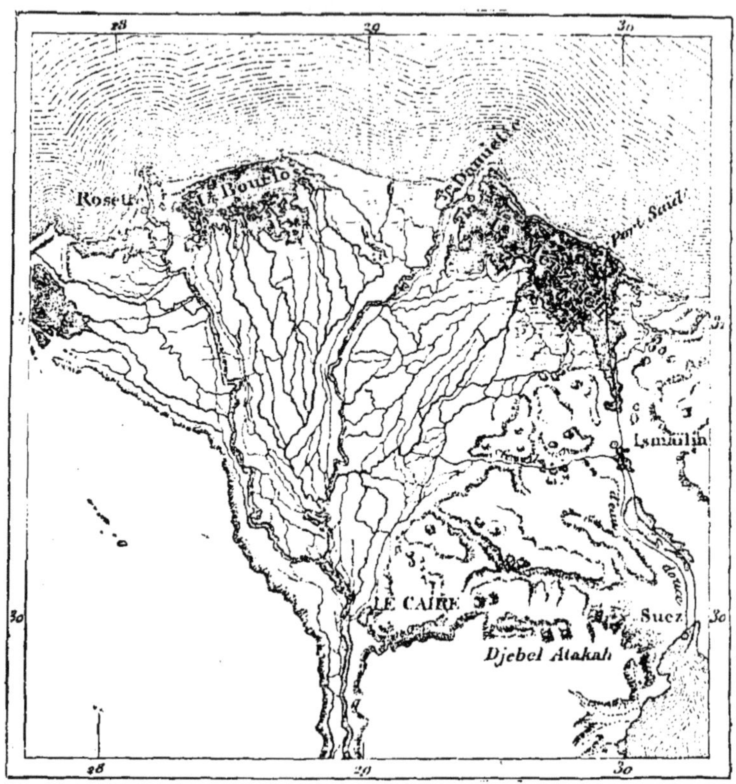

Fig. 60. — Le Nil a un delta.

monte, elle fait refluer violemment en arrière les eaux du fleuve, qui coulent pendant plusieurs heures en sens inverse de son cours ordinaire ; l'eau de la mer pénètre même assez haut dans le lit du fleuve, qui semble remonter la vallée ; puis, quand la marée descend, les eaux du fleuve, n'étant plus contenues par la mer, dont le niveau baisse

de plusieurs mètres, s'écoulent avec une grande rapidité
vers l'embouchure, pour retourner encore en arrière à
marée montante.

La partie basse du fleuve est donc parcourue par des courants violents de sens opposés qui se succèdent toutes les

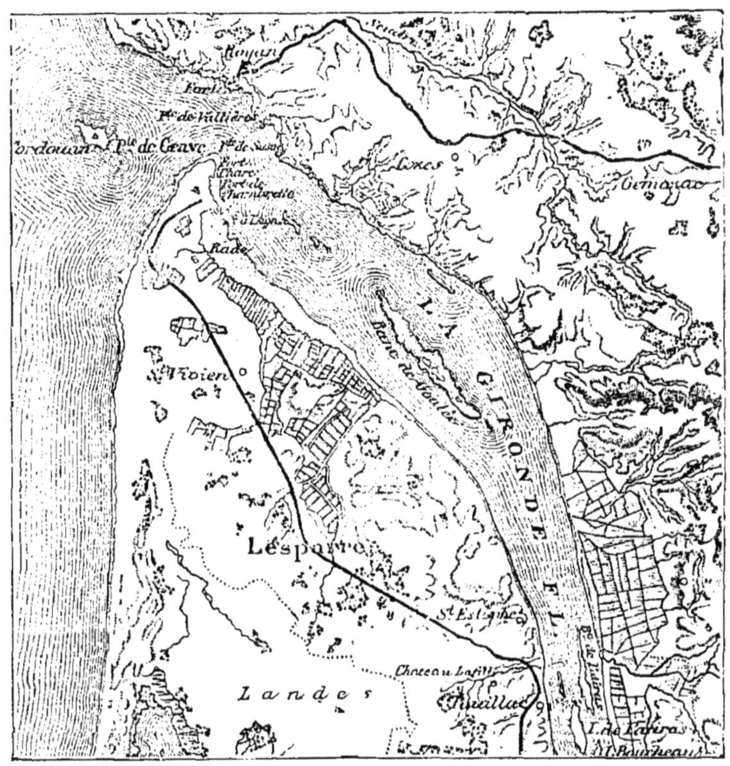

Fig. 61. — La Gironde a un estuaire.

douze heures à peu près ; on comprend que ces courants
violents et de sens inverse doivent avoir sur les bords une
action destructive énergique ; aussi le lit du fleuve s'élar-
git-il beaucoup à partir du point où ce phénomène se fait
sentir.

Ce point, assez mal défini dans la Seine et dans la Loire,
est très nettement indiqué dans la Gironde, à Pauillac, où le

fleuve atteint brusquement la largeur de 5 kilomètres et s'élargit alors assez régulièrement jusqu'à la mer, située à une cinquantaine de kilomètres.

104. Formation des deltas dans les mers agitées.— Le Mississipi, le Gange, et quelques autres fleuves qui se jettent dans une mer agitée par les marées, forment des deltas; c'est que ces fleuves, qui ont un très long parcours, apportent à la mer tant de limon, que les courants des marées ne sont pas assez puissants pour détruire tout ce que le fleuve laisse déposer, en se jetant dans la mer.

Les flots de la mer détruisent sans cesse les formations nouvelles; mais l'œuvre de destruction opérée par la mer est inférieure à l'œuvre de création opérée par le fleuve, et le delta avance toujours.

On peut toutefois observer que, pendant la partie de l'année correspondant à la saison des pluies, durant laquelle les fleuves en question apportent une grande quantité de débris, c'est l'œuvre du fleuve qui l'emporte sur l'œuvre de la mer : le delta s'avance beaucoup; pendant la partie de l'année qui correspond, au contraire, à la saison sèche, l'apport du fleuve est faible, et c'est l'œuvre de destruction de la mer qui l'emporte : le delta recule.

En somme, dans cette lutte entre l'action du fleuve et l'action de la mer, c'est l'action du fleuve qui l'emporte, et chaque année le delta s'avance d'une manière très sensible.

105. Barres. — Les barres se forment habituellement à l'embouchure des fleuves à estuaire, et quelquefois aussi à l'embouchure des fleuves à delta. Ces barres sont formées par les limons et les sables qui se déposent à l'entrée des fleuves dans la mer. Les flots rejettent vers le fleuve ces dépôts, auxquels ils mêlent les sables et les galets du rivage.

Ces dépôts s'étendent suivant une ligne transversale à la direction du fleuve, comme une sorte de digue. Les barres rendent l'entrée du fleuve difficile aux vaisseaux, surtout lorsque la mer est agitée et que les vagues bondissent par-dessus cet obstacle.

Fig. 62. — Côte sableuse bordée de dunes.

106. Dépôts au fond de la mer. — Que deviennent enfin tous les débris, charriés par les fleuves, qui ne se déposent pas à l'embouchure?

Ils sont entraînés au fond de la mer, dont ils suivent lentement les pentes, et finissent par former des dépôts dans les parties profondes.

Ces dépôts, formés de parties extrêmement mobiles, sont horizontaux ou presque horizontaux; ils ont généralement l'aspect d'une sorte de boue marneuse, c'est-à-dire formée d'argile calcaire.

Sous cette action lente, mais continue, le fond des mers tend donc constamment à s'élever. La partie superficielle des continents pulvérisés sous l'action des eaux tend à se niveler. Ainsi donc, toutes les parties saillantes des continents et des îles s'émoussent et s'abaissent, tandis que d'autre part, avec une lenteur extrême, le fond des mers se comble peu à peu.

107. Ce que c'est que les dunes. — On aperçoit sur le bord de beaucoup de plages sablonneuses des monticules de sable disposés tout le long de la mer (fig. 62); ce sont des *dunes*.

Ces dunes atteignent quelquefois, comme dans le golfe de Gascogne, de 70 à 80 mètres de hauteur; le long de la Méditerranée, elles ne s'élèvent guère qu'à une dizaine de mètres.

Il y a souvent, comme à Arcachon, plusieurs rangées de dunes, formant des séries à peu près parallèles. Généralement les dunes faisant partie d'une même bande sont aussi indépendantes entre elles que le sont les sommets d'une chaîne de montagnes.

Les dunes ont une forme tout à fait caractéristique. Le monticule de sable qui constitue chacune d'elles est incliné en pente très douce du côté de la mer; cette pente se continue bien régulièrement jusqu'au sommet de la dune; l'autre côté de la dune, tourné vers l'intérieur des terres, est au contraire aussi abrupt que peut l'être une pente de sable.

Ce n'est pas seulement sur le bord de la mer qu'il existe

des dunes. On peut encore en voir le long des fleuves dont les bords sont sablonneux, ou encore dans des plaines sablonneuses absolument dépourvues d'eau, comme le sont certains déserts; généralement ces dunes sont beaucoup moins élevées que celles du bord de la mer.

108. Déplacement des dunes. — Ces collines de sable paraissent au premier abord absolument immobiles; mais une observation, même de très courte durée, suffit pour prouver qu'elles se déplacent; elles s'avancent d'un mouvement lent mais continu vers l'intérieur des terres; elles fuient le rivage. Si l'on enfonce un piquet dans le sol à 10 mètres, par exemple, de la base de la dune, du côté de la terre, on peut voir la base de la dune s'approcher du piquet, et généralement, aux environs d'Ostende par exemple, le piquet est atteint par la dune au bout de quatre ou cinq mois; les dunes s'avancent donc, dans ce pays, de 20 à 25 mètres par an. Au bout d'un temps que l'on pourrait calculer d'après l'épaisseur de la dune, le piquet reparaîtrait de l'autre côté de la dune, quand toute la masse de sable serait passée de l'autre côté de ce piquet.

Plusieurs villages ont été ainsi recouverts par les dunes, dans le golfe de Gascogne ou sur les côtes du nord de la France; cet ensevelissement s'est même quelquefois produit en quelques heures. De riches campagnes et des villes importantes auraient eu le même sort, si l'on n'était parvenu à arrêter la marche des dunes.

109. Formation de marais et d'étangs par les dunes. — Dans bien des pays, les dunes, en s'avançant dans les terres, rencontrent des cours d'eau; le sable remplit leur lit, et l'eau ne peut plus s'écouler dans la mer. Cette eau s'étend alors le long de la base des dunes, et si elle est suffisamment abondante, elle forme un étang (fig. 63). L'eau stagnante de ces étangs peut changer la nature du climat et le rendre malsain et fiévreux; c'est ce qui est arrivé dans beaucoup d'endroits sur nos côtes de l'Ouest. Quelques pays sont même devenus inhabitables par suite de cet effet. Une

des plus florissantes colonies grecques du sud de l'Italie
était Pœstum, dans le golfe de Salerne; son climat délicieux
était chanté par les poètes; le pays est aujourd'hui devenu
tellement malsain, qu'un séjour, même très court, de quel-

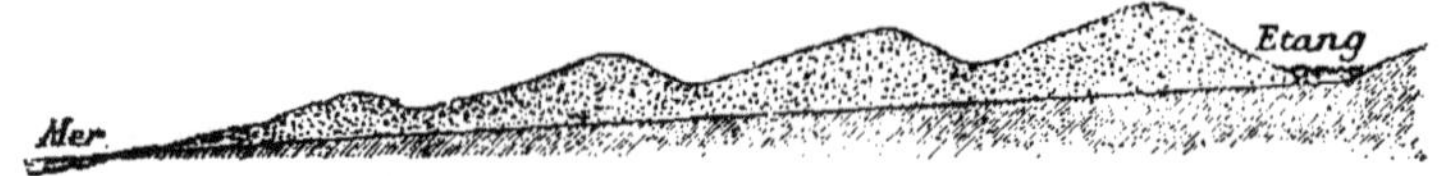

Fig. 63. — Les dunes peuvent former des étangs en comblant le lit
d'un cours d'eau.

ques heures par exemple, peut y être fatal. Ce déplorable
changement est dû à une petite chaîne de dunes qui ont
envahi depuis quelques siècles la plage de Pœstum; ces dunes

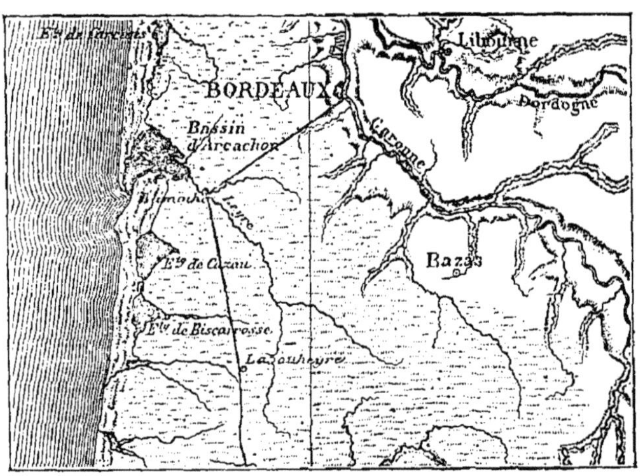

Fig. 64. — Les dunes tendent à fermer l'entrée du bassin d'Arcachon,
qui deviendrait un étang.

ont comblé le port et arrêté les cours d'eau qui s'y rendaient.
Les dunes peuvent aussi quelquefois former des étangs en
obstruant l'entrée d'un golfe : l'entrée déjà si étroite du
bassin d'Arcachon, par exemple, tend à se rétrécir; si la
rangée de dunes interrompue à l'entrée du bassin arrive à

se compléter, le bassin sera fermé et prendra l'aspect des étangs de Cazeau et de Biscarrosse (fig. 64), situés au sud d'Arcachon et dont la formation a certainement pour origine le développement des dunes qui séparent ces étangs de l'Océan.

110. Explication de la marche des dunes. — Si, un jour où le vent de mer souffle assez fort, on s'étend sur la pente douce de la dune tournée du côté de la mer, et qu'on regarde avec attention le sol de cette dune, on s'aperçoit que tout le sable de la surface est en mouvement ; les petits grains, poussés par le vent, remontent la pente ; arrivés au sommet, ils tombent sur le côté abrupt. On comprend que ce côté abrupt s'avance ainsi vers la terre, puisque constamment de nouvelles masses de sable tombent de la partie supérieure ; la dune s'avance donc, en faisant rouler de bas en haut le sable de la couche superficielle qui recouvre la pente douce tournée vers la mer.

Si le vent était très fort, toute la partie supérieure de ces dunes serait enlevée par le vent ; elles perdraient beaucoup de leur régularité. C'est ce que l'on voit sur quelques-unes de nos côtes après une tempête : la forme des dunes est alors toute changée.

Si le vent est trop faible, ou s'il est irrégulier, les dunes sont très peu élevées, ou même il ne s'en produit pas.

Un vent assez fort et surtout régulier est donc la meilleure condition pour que les dunes atteignent une grande hauteur et pour que leur déplacement soit le plus rapide.

111. Formation des dunes. — Quand le fond de la mer est sablonneux, les vagues, en se brisant sur la plage, jettent sur cette plage le sable qu'elles viennent d'enlever au fond. Ce sable tout mouillé forme une masse bien compacte et bien ferme ; mais, quand la mer baisse et que le vent se lève, le sable devient pulvérulent et mobile.

Regardons alors ce qui se produit si un corps étranger (fig. 65), même d'un petit volume, un coquillage par exemple, se trouve sur la plage. Arrivé au coquillage, le sable s'accumule en avant, forme un petit monticule qui atteint bien-

tôt la hauteur de l'obstacle, au sommet duquel (fig. 66) un
petit remous fait tourbillonner le sable et le rejette en ar-

Fig. 65. — Le sable de la mer s'accumule contre un obstacle qui s'oppose
à son déplacement.

riére de l'obstacle ; puis bientôt l'obstacle est tout entier
recouvert d'une masse de sable qui a une pente douce du

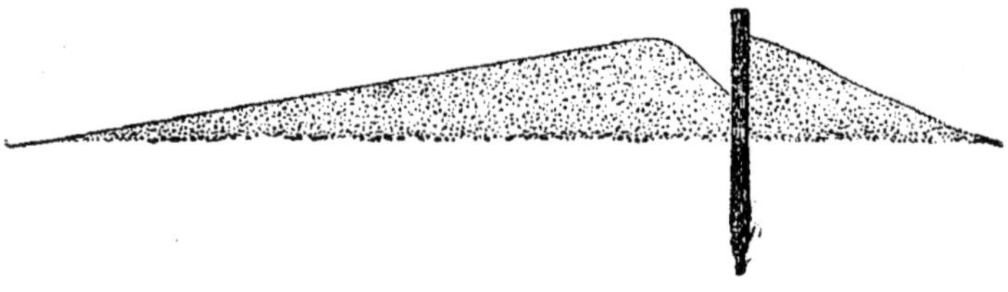

Fig. 66. — Le sable soulevé par le vent dépasse l'obstacle.

côté d'où vient le vent et une pente rapide de l'autre (fig. 67) ;
c'est une dune en miniature qui vient de se former.

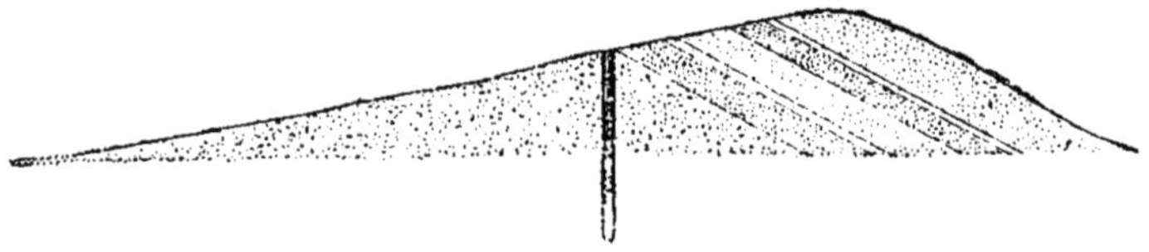

Fig. 67. — Le sable continue à s'accumuler au delà de l'obstacle.

112. Comment on est arrivé à fixer les dunes. —
C'est à la fin du siècle dernier que le célèbre Bremontier
entreprit d'arrêter des dunes, qui, dans bien des points,
menaçaient de devenir désastreuses. Il s'assura que c'était
seulement depuis le quatorzième siècle environ que les
habitants des Landes avaient constaté l'envahissement des

sables; il apprit aussi que, vers cette époque, de magnifiques forêts qui recouvraient les dunes avaient été détruites.

L'envahissement des sables semblait donc être une conséquence de la disparition des forêts. Cette fixation des dunes par la végétation paraît évidente quand on considère que, dans tous les pays où ces masses de sable sont recouvertes de végétaux, on n'observe aucun déplacement. Bremontier fit donc, avec des précautions très ingénieuses, reboiser les dunes des environ d'Arcachon, et, la fixation des sables ayant été parfaitement obtenue, on fit les mêmes travaux sur tous les points de nos Landes où s'avançaient les dunes; on garantit ainsi les pays menacés, et les dunes elles-mêmes sont devenues une cause de richesse par l'exploitation des forêts qu'elles portent; l'exploitation du pin maritime, par exemple, est une source importante de revenus pour le département des Landes.

113. Comment la végétation fixe le sable des dunes. — On peut facilement se rendre compte de l'effet que produisent les arbres sur les dunes. D'abord la tige de ces arbres brise le vent, qui perd la plus grande partie de sa force; de plus, les feuilles tombent sur le sol et le recouvrent bientôt; comme le mouvement de la dune provient du déplacement de la couche absolument superficielle du sable, cette couche superficielle étant recouverte, le vent n'a plus d'action sur le sable, et la dune est fixée.

Sur les côtes du nord de la France, c'est au moyen d'une espèce d'herbe que l'on opère cette fixation. Cette herbe, en s'étalant sur le sol, garantit le sable de l'action du vent, et le même résultat est obtenu.

114. Dépôts actuels des terrains stratifiés. — Les dépôts que forme actuellement au fond des lacs ou au fond de la mer la chute des matières en suspension dans l'eau sont caractérisés par leur disposition en couches parallèles et horizontales. Ces couches, souvent nommées *sédiments*, diffèrent d'ailleurs beaucoup entre elles sous le rapport de la couleur et de la dureté. La nature des corps en suspension qu'apportent les cours d'eau, et la nature des corps qui peuvent s'y trouver en dissolution, ont une grande influence sur l'aspect de ces dépôts; mais, malgré ces différences, l'origine de la formation de ces dépôts est toujours facile à reconnaître, à cause de leur disposition en couches parallèles.

Les principales formations stratifiées qui se produisent actuellement sont de trois sortes : ce sont des formations *calcaires*, c'est-à-dire que leur substance est du carbonate de calcium; des formations *siliceuses*, c'est-à-dire que leur substance est surtout composée de silice; et des formations *argileuses*, dont la substance est composée de silicate d'aluminium et d'eau.

115. Origine des formations calcaires. — Le calcaire, ou carbonate de calcium, est insoluble dans l'eau pure, mais il se dissout dans l'eau chargée de gaz carbonique; si, grâce à cette circonstance, du calcaire a été dissous dans l'eau, et que plus tard le gaz carbonique vienne à se dégager de l'eau, le carbonate de calcium redevient insoluble et se dépose. Telle est l'origine de presque toutes les formations calcaires.

116. Sources pétrifiantes. — Il existe de très nombreuses sources qui tiennent du calcaire en dissolution; les plus connues dans nos pays sont peut-être celles d'Auvergne, à Clermont et à Saint-Nectaire.

Si on laisse, pendant quelques heures, tomber l'eau de ces sources sur un objet quelconque, cet objet se recouvre d'une couche de calcaire. Ce dépôt de calcaire se produit parce que le gaz carbonique que l'eau tient en dissolution se dégage en présence de l'air; le calcaire qui était en dissolution cesse d'être soluble et se dépose; le ruisseau qui emporte les eaux de cette source se comble rapidement, par suite des dépôts calcaires qui se forment au fond de son lit.

117. Tufs. Travertins. — Quand une eau chargée de gaz carbonique et tenant du calcaire en dissolution n'arrive au contact de l'air qu'en petite quantité, les dépôts formés sont très légers; ils recouvrent les herbes, les mousses, les débris végétaux qui couvrent le sol et forment ce qu'on appelle un *tuf*.

Les tufs ont souvent une grande épaisseur et sont employés pour les constructions, à cause de leur légèreté et de leur solidité.

Quand, au contraire, les sources chargées d'acide carbonique sont abondantes, et surtout si elles sont chaudes, comme cela a lieu dans plusieurs points de l'Italie centrale, le dépôt calcaire forme une roche plus compacte, beaucoup plus lourde, nommée *travertin*. Les travertins forment une excellente pierre de construction; les ruines les plus anciennes et les plus belles que possède l'Italie sont en travertin; les pierres de ces monuments sont le plus souvent encore en parfait état de conservation.

118. Oolithe. — Ce n'est pas seulement sur le fond de l'eau et sur les corps immobiles qui y sont plongés que les dépôts calcaires peuvent se former, c'est aussi sur les corps en suspension dans l'eau, comme des grains de sable ou n'importe quel petit débris entraîné par l'eau courante d'un ruisseau. Ces petits corps s'entourent alors d'une couche calcaire, qui augmente d'épaisseur; ils s'alourdissent bientôt et tombent au fond de l'eau sous forme d'une petite boule blanche, dont le corps étranger forme le noyau; on trouve ce corps étranger en cassant la petite boule. Ces boules blanches tombées au fond de l'eau sont soudées les unes aux autres par un ciment calcaire (fig. 68) et forment la roche que nous avons étudiée sous le nom d'*oolithe* (§ 13).

L'oolithe fournit souvent une bonne pierre de construction.

119. Dépôts de terrains calcaires. — L'enveloppe terrestre renferme des dépôts de calcaire extrêmement nombreux et très épais; on n'est pas fixé sur l'origine de leur formation. Peut-être ces énormes dépôts ont-ils eu pour cause l'arrivée dans la mer, au moyen des fleuves, de quantités considérables d'eau chargée de calcaire. Il faudrait alors supposer qu'autrefois les sources pétrifiantes étaient

Fig. 68. — Fragments de calcaire oolithique, c'est-à-dire formé de petites boules calcaires, soudées entre elles par un ciment calcaire.

beaucoup plus nombreuses qu'elles ne le sont maintenant. De nos jours, les fleuves, dont l'eau contient toujours un peu de gaz carbonique, entraînent bien encore à la mer du calcaire qu'ils tiennent en dissolution, mais cette quantité ne paraît pas former de dépôt important; ce calcaire en dissolution dans l'eau de mer paraît être absorbé par beaucoup d'animaux marins qui le fixent sur leur corps : des mollusques pour en faire leurs coquilles, des polypes pour en construire leurs polypiers.

120. **Stalactites et Stalagmites.** — Une autre formation, ayant la même origine, est celle de ces magnifiques colonnes de calcaire blanc que l'on voit dans beaucoup de grottes (fig. 69). De l'eau pétrifiante s'écoule du sommet; le calcaire se dépose en haut, formant une saillie nommée *stalactite*, qui s'abaisse peu à peu vers le sol, par suite de la continuation des dépôts. En même temps, l'eau tombant sur le sol laisse aussi déposer un peu de calcaire, qui forme une sorte de colonne tronquée nommée *stalagmite*; cette colonne s'élève peu à peu, et, au bout d'un certain temps, elle rejoint la stalactite; il se forme alors une seule et même colonne, plus mince au milieu que sur les bords.

Dans beaucoup de grottes, on voit, à côté les unes des

Fi   69. — Grotte renfermant des stalactites et des stalagmites
à différents degrés de formation.

autres, des stalactites et des stalagmites, présentant tous les degrés successifs de ces formations. Le sol y est aussi recouvert de dépôts calcaires; il en est de même des parois, qui semblent alors recouvertes de draperies.

Le calcaire qui est légèrement diaphane forme ce qu'on appelle l'*albâtre* calcaire, qui est très recherché quand il est bien pur.

121. Dépôts de gypse. — Il se forme dans quelques pays des dépôts stratifiés assez étendus de *gypse* ou pierre à plâtre, dont la substance est un sulfate de calcium hydraté. Ces dépôts se produisent parfois sous l'action de cours d'eau renfermant de l'acide sulfurique. Cet acide, en passant sur du calcaire (carbonate de calcium), s'empare de la chaux et forme le sulfate de calcium qui se dissout dans l'eau, tandis que le gaz carbonique du calcaire se dégage. Cette eau, chargée de sulfate de calcium, est dite *séléniteuse*; le sulfate de calcium, n'étant pas très soluble, peut se déposer en partie et former des couches de gypse.

C'est probablement par une cause analogue que se sont formés les grands dépôts de gypse qui se trouvent autour de Paris. Dans beaucoup d'autres pays, le gypse semble s'être formé sous l'action d'émanations sulfureuses.

122. Dépôts siliceux. — Toutes les eaux courantes tiennent, sous l'action de l'acide carbonique qu'elles renferment, de la silice en dissolution, mais cette quantité de silice est trop faible pour former des dépôts appréciables.

C'est cette silice en dissolution qui est fixée par de toutes petites algues, nommées *diatomées*, qui ont une carapace siliceuse; ces diatomées, entraînées par les fleuves, forment à leur embouchure des dépôts farineux souvent considérables, connus sous le nom de *tripoli*.

Mais un certain nombre de sources, telles que celles qui forment les *geysers* d'Islande, ou celles qui produisent les *soffioni* de la Toscane, renferment en dissolution une quantité de silice beaucoup plus considérable, et ces eaux, en se répandant sur le sol, peuvent donner naissance à des dépôts siliceux, caractérisés par leur dureté, qui est assez grande pour rayer le verre.

C'est peut-être à des phénomènes de ce genre que sont dus les grands dépôts siliceux connus sous le nom de *pierres meulières* et utilisés dans les constructions à cause de leur solidité et de leur légèreté.

123. Grès, poudingues, brèches. — Nous voyons que beaucoup de sources tiennent en dissolution des substances qu'elles peuvent abandonner en formant des dépôts; il y a ainsi des eaux calcaires, séléniteuses, siliceuses. Si ces eaux traversent une partie du sol *composée d'éléments qui ne sont pas unis entre eux,* comme du sable ou des cailloux

Fig. 70. — Fragment de poudingue.

roulés, il se forme entre les grains du sable et entre les cailloux un dépôt de la substance que l'eau tenait en dissolution. Ce dépôt joue le rôle de ciment : il unit les grains de sable et forme un *grès*; il unit les cailloux arrondis et forme un *poudingue* (fig. 70). Si ce dépôt se fait entre des pierres à arêtes vives, comme celles que l'on voit habituellement au pied des montagnes, ces pierres, soudées par le dépôt formé par l'eau, produisent une *brèche* ou *conglomérat*.

124. Dépôts ferrugineux. — On trouve dans beaucoup

de pays des sources dites *ferrugineuses*, qui renferment en dissolution des sels de fer. Ces sels de fer peuvent, au contact de l'air, abandonner des oxydes de fer, qui constituent quelquefois des dépôts importants. Ces dépôts peuvent former des grès, des poudingues et des brèches dont le ciment est ferrugineux.

Un grès ferrugineux se forme de nos jours sous les plaines sableuses des Landes, sous le sable de la forêt de Fontainebleau et sous les dunes de quelques côtes; ce grès, d'une couleur foncée, est connu sous le nom d'*alios*.

125. Dépôts argileux. Marne. — Il se fait dans beaucoup d'endroits des dépôts d'*argiles*, matières terreuses, douces au toucher et ayant la propriété de faire pâte avec l'eau. Ces dépôts, dont la substance est un silicate d'aluminium hydraté, présentent des couleurs très différentes, à cause des substances accessoires qui s'y trouvent, particulièrement de l'oxyde de fer. L'argile a ordinairement pour origine la décomposition d'une roche sous l'action de l'eau; c'est sans doute ainsi qu'il faut expliquer la formation de grandes masses d'argiles rouges qui occupent une partie du fond de l'océan Atlantique et de l'océan Pacifique; ces argiles proviendraient de la décomposition des roches du fond de ces océans.

Nous voyons d'ailleurs dans beaucoup de pays cette décomposition s'opérer à la surface même du sol. Les roches dites granitiques nous en ont donné un exemple : ces roches, nous l'avons vu, renferment du silicate d'aluminium et du silicate de potassium; elles sont décomposées par l'eau de la pluie, sous l'influence du gaz carbonique que cette eau tient en dissolution; le gaz et l'eau forment de l'acide carbonique et il se produit du carbonate de potassium qui se dissout dans l'eau. Le silicate d'aluminium hydraté, qui est insoluble, reste seul, sous la forme d'une poudre extrêmement fine : c'est l'argile. Nous avons vu (§ 19) qu'une sorte d'argile parfaitement pure et blanche porte le nom de *kaolin*.

Les dépôts argileux sont souvent intimement pénétrés de calcaire; ils forment alors la *marne*, roche de consistance variable, mais généralement plus grande que celle de l'argile. (Voir § 20.)

RÉSUMÉ

Dépôts formés le long des cours d'eau. — Les cours d'eau torrentiels abandonnent, au bas de la montagne du sommet de laquelle ils se précipitent, des masses de pierres de toutes dimensions, qui forment un *cône de déjection*.

Les autres débris arrachés du sol, qui ne restent pas au pied de la montagne, forment les *blocs anguleux* qu'on trouve dans les parties hautes des vallées, les *blocs arrondis*, les *cailloux roulés*, les *sables* et le *limon*, qu'on trouve dans les parties plus basses. Tous ces débris constituent les *alluvions*, qui forment des *terrasses* le long des cours d'eau. Si les alluvions se déposent en grande quantité dans le lit d'un fleuve, le fond se trouve surélevé et le fleuve peut, après une inondation, se creuser un nouveau lit.

Quand un cours d'eau arrive dans un lac, il y abandonne les débris qu'il tenait en suspension, ou qu'il charriait, et il se forme des couches plus ou moins inclinées dont l'accumulation tend à combler le lac.

Les alluvions pierreuses amenées par une inondation ruinent un pays; les alluvions vaseuses, au contraire, peuvent devenir une cause de richesse, en améliorant considérablement le sol.

Dépôts formés à l'embouchure des fleuves. — Le courant des fleuves est toujours moins fort à leur embouchure que dans les parties plus élevées; la plus grande partie des débris charriés par le fleuve se dépose à leur arrivée dans la mer; si la mer n'est pas habituellement très agitée, il se forme un *delta*. Les différentes bouches du delta présentent souvent en travers du courant des amas de débris, nommés *barres*, qui sont repoussés vers la terre par des vagues de la mer, et rejetés vers la mer par le courant du fleuve. Les fleuves à *estuaire* peuvent aussi présenter des barres.

Dépôts au fond des mers. — Les parties les moins lourdes charriées par les fleuves vont se déposer au fond des mers, plus loin de l'embouchure; les dépôts ainsi formés ont généralement une pente assez faible mais ils ne sont pas nécessairement horizontaux.

Dunes. — Le sable rejeté sur les côtes par les vagues peut, lorsqu'il est desséché par le vent, s'accumuler en forme de collines abruptes du côté de la terre et en pente douce du côté de la mer : ces collines sont les *dunes*. Les dunes s'avancent toujours de la mer vers la terre; on peut les fixer en les recouvrant de végétation.

Dépôts actuels de terrains stratifiés. — Les corps tenus en suspension ou en dissolution dans l'eau peuvent se séparer et former des *sédiments* qui varient d'aspect suivant la nature du corps déposé.

On peut aussi souvent observer des formations *calcaires, siliceuses, argileuses*; les dépôts calcaires provenant de sources chargées de carbonate de chaux en dissolution, et dites *sources pétrifiantes*, forment des *tufs*, des *travertins*, des *oolithes*; dans les grottes, ils forment des *stalactites.*

Les dépôts siliceux se forment autour des sources, qui, comme les geysers, renferment de la silice en dissolution.

Les dépôts argileux se forment par suite de la décomposition de certaines roches ; ces dépôts paraissent abondants au fond de quelques mers. L'argile mêlée à du calcaire constitue la *marne*, qui se dépose aussi au fond de la mer.

Les *poudingues*, les *brèches* et les *grès* sont formés de pierres de dimensions variables, qui sont soudées les unes aux autres par des dépôts de nature différente : calcaire, silice, gypse, oxyde de fer, etc.

CHAPITRE VIII

VOLCANS. — SOURCES THERMALES. — MOUVEMENTS DU SOL.

126. Ce que c'est qu'un volcan. — Un *volcan* consiste en une cavité en forme de coupe, nommée *cratère*, au fond de laquelle est l'ouverture d'un canal nommé *cheminée*. La cheminée met le cratère en communication avec les parties profondes du sol. C'est sous le sol que se trouve le volcan proprement dit; ce que l'on voit à l'extérieur est formé par les matières rejetées par le volcan, et qui sont arrivées par la cheminée. Ces matières constituent un amas appelé *cône*, qui est traversé par la cheminée, et c'est au sommet du cône qu'est situé le cratère (fig. 71).

La nature du terrain ne paraît avoir aucune importance pour la formation des volcans. On trouve en effet des volcans dans le granite, dans le calcaire, dans le grès, etc.

127. L'activité des volcans est intermittente. — Les volcans ne présentent pas toujours la même activité; pendant des années il ne sort de leur cheminée que des matières gazeuses, en quantité quelquefois très faible; il peut même se faire qu'il n'en sorte plus rien; la cheminée se comble alors peu à peu par suite de l'éboulement des bords du cratère : le volcan est *éteint*.

Cet état d'inactivité peut devenir définitif, mais le plus souvent le volcan n'est que momentanément inactif, et il se

8

produit au bout d'un certain temps une nouvelle *éruption*, qui pourra, comme celle qui l'a précédée, se terminer aussi par l'extinction momentanée du volcan, et ainsi de suite.

Fig. 71. — Volcan en activité.

Il y a donc dans l'activité volcanique une intermittence de périodes de repos et de périodes d'éruption.

Il est vrai que quelques volcans, commé le Stromboli, situé dans une des îles Lipari, sont en éruption constante; à peine distingue-t-on une légère différence dans l'intensité des phénomènes; mais les volcans présentant ce caractère sont extrêmement rares.

128. Phases d'activité modérée. Fumerolles. — Beaucoup de volcans, sans passer à l'état de volcans éteints, ne présentent pendant de longues années que des phénomènes éruptifs plus ou moins faibles : leur cratère reste chaud; leur cheminée n'est pas entièrement fermée, elle est ordinairement remplacée par un certain nombre d'ouvertures plus petites nommées *fumerolles*, d'où sortent en sifflant des jets de vapeurs et de matières gazeuses (fig. 72). Ces matières, en se décomposant à l'air, forment des dépôts qui recouvrent les parois du cratère et lui donnent des couleurs

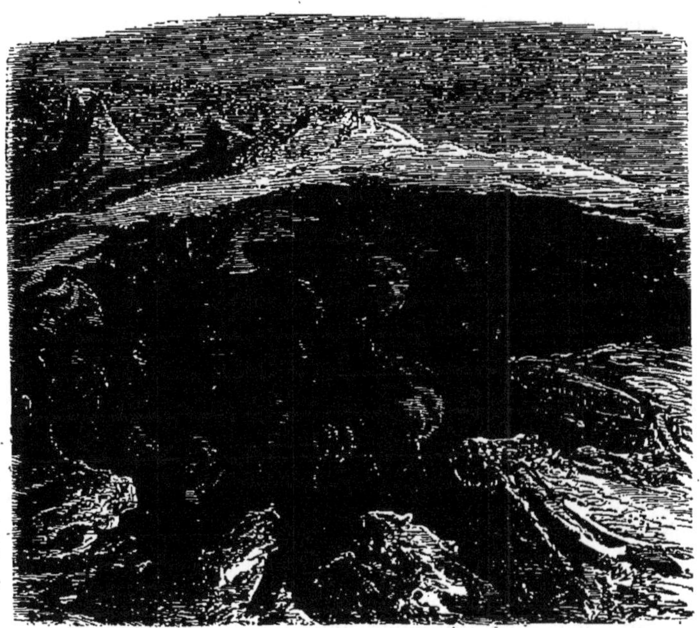

Fig. 72. — Cratère d'un volcan; l'activité volcanique ne se manifeste plus que par des fumerolles.

très vives. Dans ces périodes de repos relatif, quand la fumée est assez transparente et quand les gaz non respirables, acides sulfhydrique, sulfureux, etc., ne se dégagent pas en trop grande quantité, il est quelquefois possible de descendre jusqu'au fond du cratère d'un volcan.

129. Solfatares. — Durant cette période de faible activité, il se dépose très souvent du soufre sur les parois du cratère d'un volcan. Ce soufre est souvent en quantité assez considérable pour qu'on puisse l'exploiter, quand il est pos-

sible d'entrer dans le cratère. Le volcan passe alors à l'état
de *solfatare*; il peut persister dans cet état pendant des
siècles, comme par exemple cela a lieu pour la solfatare de
Pouzzoles, qui n'a eu depuis les temps historiques qu'une
seule éruption, au douzième siècle.

Les solfatares sont aussi exploitées pour beaucoup d'autres
produits chimiques, par exemple pour l'alun et l'acide
borique.

150. Phénomènes qui précèdent une éruption. — Un
volcan n'entre pas en éruption tout d'un coup; il se produit
toujours certains phénomènes précurseurs avant que l'éruption ne commence. Le sol tremble autour du volcan; on
entend des bruits souterrains; les fumerolles jaillissent avec
plus de force et produisent un sifflement plus violent; l'ai-
guille aimantée subit des perturbations très fréquentes et
très intenses. Tous ces phénomènes s'accentuent de plus en
plus jusqu'au moment de l'éruption.

151. Éruption d'un volcan. — Les jets de vapeur en
se réunissant forment bientôt un grand nuage blanc qui
s'élève au-dessus du cône, puis tout d'un coup il se produit
une explosion terrible : c'est le fond du cratère qui se brise,
ses débris sont jetés dans tous les sens (fig. 75) : l'éruption
commence. Une immense colonne de fumée noire s'élance
au-dessus du cratère avec une telle violence, que le vent le
plus fort ne peut l'incliner; la hauteur de cette colonne
atteint ordinairement plusieurs milliers de mètres, puis la
fumée s'étend, en formant un nuage horizontal qui projette
une ombre profonde sur tout le pays. On compare souvent
l'aspect de cette colonne de fumée et du nuage qui la sur-
monte à celui d'un pin gigantesque.

Une poussière extrêmement fine, que l'on nomme de la
cendre, commence alors à tomber. Cette cendre, en se répandant dans l'air, rend la respiration très pénible et fatigue
beaucoup les yeux; elle pénètre partout, à cause de son
extrême finesse, et recouvre quelquefois le sol d'une épaisseur de près d'un mètre; si le vent est violent, cette cendre

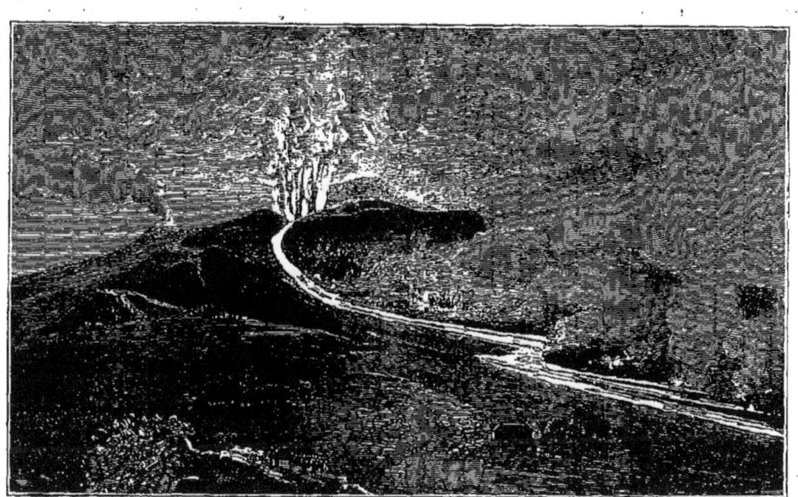

Fig. 73. — Volcan en éruption.

peut être entraînée à des distances fort considérables du volcan : ainsi des cendres du Vésuve sont tombées en Afrique et même à Constantinople.

Les dégagements de gaz deviennent bien plus abondants : à une grande distance du volcan on sent l'acide sulfhydrique, l'acide sulfureux et surtout l'acide chlorhydrique.

La grande colonne de fumée noire est bientôt sillonnée de traits de feu; le volcan commence à *lancer*. Ces traits de feu sont produits par des pierres dont la température est extrêmement élevée, et qui sont projetées avec une grande force en dehors du cratère; on voit ces pierres tomber sur les pentes du cône : ce sont des *scories*, qui indiquent que la *lave* monte jusqu'au cratère.

On voit en effet une lueur qui apparaît au sommet du cône; cette lueur augmente et le sommet de la montagne prend l'aspect d'une immense fournaise d'où jaillissent incessamment des masses incandescentes de dimensions très différentes.

Les masses les plus petites forment les *lapilli* ou les *pierres ponces*; les plus grosses forment les *bombes*. Le volume des bombes est quelquefois considérable : il n'est pas rare d'en trouver autour du Vésuve qui ont plus de 5 mètres de diamètre. Ces masses énormes, projetées à une hauteur de plus de mille mètres, peuvent donner une idée de la force qui les lance.

La lueur qui sort du cratère devient de plus en plus intense, et bientôt on voit un ou plusieurs ruisseaux de matière incandescente qui sortent du cratère et coulent sur la pente du cône : c'est la *lave* qui a rempli ce cratère et qui s'écoule par les parties les plus basses de ses bords. Souvent aussi la lave n'arrive pas jusqu'au bord; elle s'épanche alors par des fissures qui se produisent sur les parois du cône, sous l'effet de la grande pression exercée par la lave dans la cheminée. Quelquefois ces fissures se produisent au pied même de la montagne, et la *coulée* de lave s'épanche alors au bas du cône. Ces fissures laissent s'échapper tout d'un coup des coulées de lave, qui sont ordinairement désastreuses, à cause de leur soudaineté et de la rapidité de leur marche.

Des nuages épais s'élèvent au-dessus du torrent de lave qui s'écoule, et vont se mêler à ceux qui se forment au-dessus du cratère; la montagne entière est entourée de nuées. Alors il se produit en général des orages très violents, dont on voit les éclairs sillonner la masse sombre des nuées: le bruit du tonnerre vient s'ajouter au fracas formidable des explosions souterraines et au souffle strident des vapeurs.

Une pluie d'une abondance extraordinaire ne tarde pas à tomber; il se forme alors, avec les cendres qui recouvrent le sol, des torrents boueux d'une grande violence, qui dévastent tout sur leur passage.

Ces torrents de boue sont certainement l'effet le plus destructeur des éruptions volcaniques; leur rapidité est incomparablement plus considérable que celle de la lave, et ils s'étendent sur une grande surface; c'est par des torrents de boue ainsi formés que Pompéi et Herculanum ont été enfouies il y a dix-huit siècles. En se durcissant et en se tassant, cette boue forme ce qu'on appelle du *tuf*.

Généralement cet état de violence extrême ne dure pas longtemps. Au bout de quelques jours la lave cesse de s'épancher; les coulées, dont la marche en avant a été de plus en plus lente, finissent par s'arrêter, elles se refroidissent et se solidifient. Ces grandes coulées, qui recouvrent quelquefois des villages entiers, présentent alors l'aspect d'une longue traînée noirâtre dont la surface est extrêmement accidentée; la lave prend, en effet, en se solidifiant, les formes les plus bizarres (fig. 74).

La fumée du volcan s'éclaircit peu à peu, redevient blanche, et au bout d'un certain temps le volcan reprend l'aspect qu'il avait avant l'éruption.

Remarquons, en terminant, qu'il n'y a jamais de flammes dans une éruption. C'est l'incandescence des matières rejetées qui produit les lueurs volcaniques, et non leur combustion dans l'air.

132. Matières gazeuses rejetées par un volcan. — L'éruption est donc causée par l'expulsion violente d'une certaine quantité de matières. Quelles sont ces matières? C'est avant tout de la vapeur d'eau : on a en effet pu constater dans plusieurs éruptions que, sur 1000 kilogrammes de matières rejetées par le volcan, il y avait environ 999 kilogrammes de vapeur d'eau.

Avec la vapeur d'eau, on trouve une foule de composés gazeux : acides sulfureux, sulfhydrique, chlorhydrique, et des sels de soude, de potasse, d'ammoniaque, de magnésie, etc.

133. Scories, lapilli, bombes, cendres. — Les blocs rejetés diffèrent les uns des autres : ce sont d'abord des pierres provenant des terrains au milieu desquels est creusée la cheminée; ces blocs ont été arrachés aux parois de la cheminée par les violents courants gazeux qui s'y produisent au commencement de l'éruption.

Les scories proviennent de masses de lave qui ont été projetées en l'air et s'y sont en partie solidifiées. Les lapilli et les bombes ont à peu près la même origine; généralement, en cassant les bombes, on trouve au milieu un bloc de substance différente de la lave, qui forme ainsi comme un noyau autour duquel la lave s'est refroidie et solidifiée.

La fine poussière, que lancent les cratères et qu'on appelle cendre, est de la lave extrêmement divisée, et solidifiée au contact de l'air. Les pierres ponces peuvent être considérées comme de la lave renfermant une quantité considérable de bulles de gaz; c'est cette texture qui rend ces pierres si légères.

134. Lave; roches non stratifiées; filons de roches. — On donne le nom de *lave* aux roches en fusion qui sont rejetées par les volcans.

Les diverses laves diffèrent beaucoup entre elles par leur composition, mais toutes renferment toujours une quantité considérable de silice; ces roches, dont la température est extrêmement élevée, se solidifient.

Toutes les laves, quand elles sortent du cratère, renfer-

.ment aussi une quantité considérable d'eau. C'est sous l'influence de la forte pression qui s'exerce dans la partie inférieure de la cheminée que cette eau a pu se fixer dans la lave; si le volcan est un peu élevé, la pression excercée par la colonne de lave qui remplit la cheminée devient égale

Fig. 74. — Coulée de lave solidifiée.

à celle de plusieurs centaines d'atmosphères; c'est cette pression qui, en s'exerçant à la base de la cheminée, fait quelquefois faire explosion aux parois du cône et cause alors les épanchements de lave si désastreux. Vers le haut de la cheminée la lave est moins épaisse, la pression diminue; l'eau se dégage alors sous forme de vapeur, qui, en se condensant dans l'air relativement froid, produit les nuages qui couronnent le cône pendant l'éruption : c'est encore l'eau qui, en se dégageant de la lave, donne naissance aux nuages qui s'élèvent au-dessus des coulées.

La lave durcit ou du moins s'épaissit à l'air ; il se forme une croûte au-dessus de la coulée, la lave en dessous de cette croûte reste liquide; la vapeur d'eau ne peut alors se dégager aussi facilement ; ce n'est que dans certains points que la vapeur jaillit : elle forme des fumerolles. Il se pro-

duit ainsi le long de la coulée de petits volcans en miniature qu'on a pu observer et étudier, particulièrement pendant
l'éruption du Vésuve de 1872. La formation de ces petits
volcans, où l'on peut voir un cône, une cheminée, un cratère, montre que les phénomènes extérieurs des volcans sont
dus au dégagement de la vapeur d'eau qui s'échappe de la
lave.

Les laves ne constituent pas seulement le cône des volcans.

Fig. 74 *bis*. — Saint-Pierre de la Martinique avant l'éruption.

Elles peuvent s'infiltrer dans les roches en formant des *filons
de roches* ou produire des masses de terrains non stratifiés
qui sont intercalés entre les roches stratifiées ou qui s'étalent
à leur surface.

**154 *bis*. Exemple de villes détruites par les érup-
tions.** — Une éruption violente du Vésuve détruisit en l'an 79
les villes d'Herculanum et de Pompéi. La première a été
recouverte par des torrents de boue, la seconde a été ense-
velie sous une couche épaisse de fines cendres volcaniques.

En enlevant peu à peu ces cendres, on a découvert à Pompéi des habitations parfaitement conservées, avec des fresques, des objets d'art, des bijoux, de l'argenterie, etc. En certains endroits, des cavités situées au milieu des cendres agglomérées ont pu être moulées avec du plâtre; on a ainsi obtenu la reproduction exacte de la forme des cadavres, dans la position qu'ils occupaient au moment du sinistre.

Des effets plus violents, plus brusques, ont détruit en 1902

Fig. 74 *ter*. — Saint-Pierre de la Martinique après l'éruption.

la ville de Saint-Pierre de la Martinique (fig. 74 *bis*), à la suite de l'éruption de la Montagne Pelée, qui s'élève au nord de la ville. La Montagne Pelée est un volcan intermittent et qui n'avait manifesté aucune trace d'action volcanique depuis 1851.

Après quelques productions éruptives peu importantes d'eau boueuse et de boue à la fin d'avril et jusqu'au 5 mai 1902, rien ne permettait de prévoir l'éruption subite qui se produisit le 8 mai. Ce fut une explosion inattendue, produisant peu de cendres ou de scories, mais projetant tout à coup une masse gazeuse qu'on a appelée nuée ardente. Le cratère obstrué, la résistance d'une partie des roches de la Montagne Pelée eut pour effet de diriger de haut en bas, et particulièrement sur la ville de Saint-Pierre, cette nuée ardente, qui en asphyxia en quelques minutes les 30.000 habitants.

Cette nuée ardente était formée de gaz et de vapeurs non seulement irrespirables, mais en outre portés à une très haute température et se déplaçant avec une grande rapidité. C'est ainsi que les arbres et les cadavres ont été carbonisés et que la violence de la nuée a renversé tous les murs qui s'opposaient à son passage (fig. 74 *ter*).

135. Répartition des volcans. — Presque tous les volcans actifs, qui sont au nombre d'environ deux cents, se trouvent près de la mer, et ceux que l'on a vus apparaître depuis les temps historiques ont tous surgi sur des rivages, dans des îles, ou souvent encore sous la mer, en formant des éruptions sous-marines.

136. D'où proviennent les déjections d'un volcan? — On a constaté, en outre, que les éléments de toutes les matières rejetées par le volcan se trouvent dans l'eau de mer ; on est donc porté à admettre que toutes ces substances, ainsi que l'immense quantité d'eau qui les accompagne, proviennent de l'eau de la mer, dont la présence est nécessaire à l'activité du volcan. Les déjections du volcan seraient donc de l'eau de la mer mêlée aux produits de la décomposition, par la chaleur, des substances qui se trouvent dans cette eau.

137. Mofettes. — Le dernier acte des manifestations volcaniques consiste en des dégagements de gaz carbonique, auxquels on donne le nom de *mofettes*. Ces exhalaisons de gaz carbonique sont très fréquentes en Auvergne ; dans plusieurs endroits de ce pays il se dégage du sol une si grande quantité de ce gaz, qu'on n'y peut creuser de caves. Ces caves se rempliraient de gaz carbonique et l'on ne pourrait y pénétrer sans être asphyxié. Il en est de même dans presque tous les pays où l'activité volcanique est en pleine décroissance ; dans les environs du golfe de Naples, le gaz carbonique sort du sol en beaucoup de points, particulièrement d'une fente située entre deux rochers, bien connue dans le pays sous le nom de grotte du Chien ; il y a, en ce point, une véritable source de gaz carbonique qui s'écoule à la surface du sol comme le ferait un liquide.

138. Température des couches profondes du sol : Sources thermales. — La température du sol, même en dehors des régions volcaniques, augmente à mesure qu'on s'enfonce de plus en plus profondément sous la terre.

Les eaux qui circulent dans ces parties profondes s'échauffent. Les eaux chaudes tendent à remonter à la surface et, lorsqu'elles trouvent des fissures entre les roches, peuvent venir s'écouler au dehors.

Ces eaux chaudes, chargées de gaz carbonique, ont la propriété de dissoudre un grand nombre de substances qui se trouvent dans le sol ; elles sont l'origine de toutes les *sources thermales* et en particulier de celles des régions volcaniques.

L'action salutaire de ces sources sur la santé a été reconnue depuis une époque très reculée ; on trouve des traces très anciennes de leur exploitation.

139. Filons métallifères. — L'eau des sources thermales en se refroidissant forme des dépôts dont une partie se produit dans des fissures à travers lesquelles passe l'eau des sources. Ces fissures se remplissent de diverses substances cristallisant par refroidissement. Les dépôts formés ainsi dans les fissures des roches renferment souvent un minerai métallique entouré d'un dépôt rocheux appelé gangue ; on les nomme alors *filons métallifères*.

140. Geysers. — En Islande, dans la Nouvelle-Zélande, et dans quelques autres pays, il existe des sources d'eau bouillante nommées *geysers* (fig. 75), dont l'eau jaillit à une hauteur atteignant quelquefois une cinquantaine de mètres. L'eau des geysers ne jaillit pas constamment; il y a une intermittence assez régulière dans ces phénomènes.

L'eau d'un geyser sort de terre par une ouverture circulaire située au sommet d'un cône: ce cône est produit par des dépôts siliceux formés par l'eau du geyser, qui est toujours chargée de substances incrustantes, particulièrement de silice.

On peut considérer les geysers comme des volcans qui ne rejetteraient que de l'eau.

141. Sources thermales non volcaniques. — Ce n'est pas seulement dans les pays volcaniques que l'on trouve des sources thermales, mais encore dans bien des pays où il n'y a pas traces de volcans; par exemple, la chaîne des Pyrénées n'est volcanique que dans la Catalogne, et cependant tout le long de cette chaîne on trouve de très nombreuses sources thermales; il en est de même pour les Alpes. Il y a donc certainement, en dehors de l'action volcanique, une autre cause d'élévation de la température des couches profondes du sol.

Ces sources thermales acquièrent, comme les sources d'origine volcanique, la propriété de dissoudre un certain nombre de corps qu'elles rencontrent dans le sol : elles deviennent *minérales*.

Les sources thermales non volcaniques se trouvent presque uniquement dans les pays dont le sol a été disloqué, comme dans les pays de montagnes.

142. Volume des substances dissoutes par les sources thermales. — Au bout d'un certain temps, les quantités de matières dissoutes apportées à la surface du sol par une source thermale deviennent considérables. Il doit donc nécessairement se former des cavités très grandes, par suite de l'enlèvement par dissolution des substances qui formaient ce sol.

En analysant un litre d'eau d'une source minérale, et en mesurant combien cette source laisse écouler de litres dans

Fig. 75.

L'eau des geysers jaillit quelquefois à plus de 50 mètres de hauteur.

une minute, on peut calculer le vide formé sous le sol par cette source.

143. Tremblements de terre. — La surface de la terre n'est pas toujours immobile; elle subit quelquefois des ébranlements, d'énergie très variable, qu'on appelle des *tremblements de terre*.

Les tremblements de terre se produisent dans tous les pays et sur tous les terrains; tantôt ils sont tout à fait locaux, comme celui qui a détruit Casamicciola, dans l'île d'Ischia, le 28 juillet 1883; ou bien, au contraire, leur action s'étend à de très grandes distances et avec une extrême rapidité, comme celui de Lisbonne en 1755, qui fut ressenti dans le Maroc, en Écosse, et peut-être même en Amérique.

Les tremblements de terre de peu d'énergie sont très fréquents; la plupart échappent à notre observation; des instruments d'une grande sensibilité peuvent seuls nous révéler leur existence. La surface de la terre, qui habituellement nous paraît immobile, est donc très souvent en mouvement.

Les tremblements de terre ont ordinairement une durée très faible, de quelques secondes en général; quand ils présentent une certaine violence, ils sont le plus souvent accompagnés de bruits de nature très différente; ce sont des bruits sourds, aigus, stridents, dont l'intensité est quelquefois extraordinaire.

Les mouvements du sol sont aussi très variés : tantôt le sol n'est secoué que de haut en bas et de bas en haut; quelquefois les mouvements se font horizontalement, ou bien encore ils semblent être circulaires.

Quand ils acquièrent un certain degré de violence, ainsi que cela est arrivé dans le sud de l'Espagne en décembre 1884, les tremblements de terre constituent un des fléaux les plus épouvantables; c'est par milliers qu'il faut compter les victimes.

Il est impossible de formuler une loi quelconque à ces terribles phénomènes. Quelquefois il se produit une secousse unique et le mouvement du sol ne reparaît plus; d'autres fois les secousses se succèdent fréquemment pendant un temps assez long.

Ordinairement les secousses sont plus violentes en un certain point, autour duquel il semble se former des ondes qui rayonnent en s'atténuant.

Les mouvements du sol se transmettent à la mer, sur laquelle il se produit quelquefois des vagues immenses, qui, en faisant irruption sur les côtes, peuvent provoquer des désastres encore plus grands que ceux causés par les mouvements du sol.

Les tremblements de terre qu'on a pu le mieux étudier

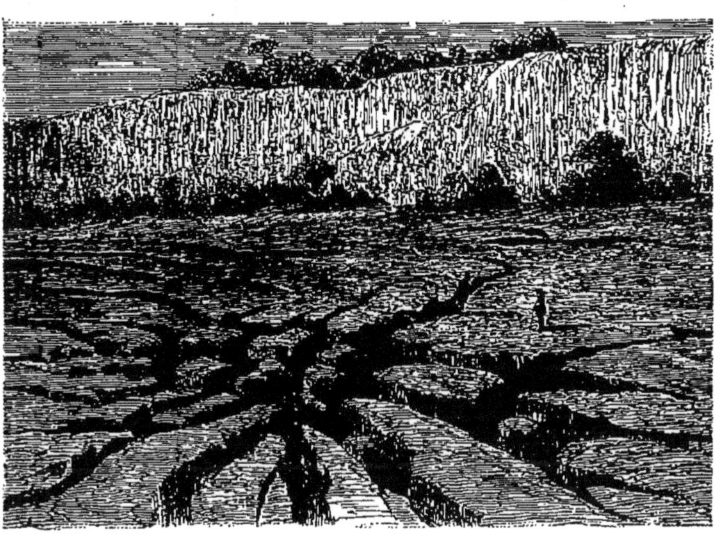

Fig. 76.

Fissures produites en Calabre par le tremblement de terre de 1783.

sont ceux de la Calabre (de 1785 et de 1905) ; en 1785, les secousses furent presque continuelles pendant quatre ans. Le sol ondulait comme la surface d'une mer agitée, des fissures énormes (fig. 76), de vrais gouffres se formaient à chaque instant ; des changements de niveau considérables se produisaient, en disloquant complètement la surface du sol.

Un tremblement de terre produisant une série de secousses

8*

rapides a détruit, en 1906, l'importante ville de San-Francisco, capitale de la Californie.

144. Causes des tremblements de terre. — Les tremblements de terre sont si différents les uns des autres, qu'ils doivent avoir des causes différentes.

Certains d'entre eux, qui se produisent dans les pays volcaniques et qui accompagnent ou précèdent les éruptions d'un volcan, ont évidemment la même origine que l'éruption de ce volcan.

D'autres, quelquefois très violents et très étendus, ne paraissent aucunement liés à des phénomènes volcaniques; leur cause est inconnue.

Enfin, pour quelques tremblements de terre tout à fait localisés, on pourrait peut-être trouver une explication dans des éboulements se produisant dans des cavités situées sous le sol. Il existe en effet certainement, comme nous venons de le voir, des cavités souterraines dans les pays où il y a des sources minérales; il est possible que des roches, en se détachant des voûtes de ces cavités, produisent en tombant sur la base une secousse qui puisse *communiquer* des mouvements à la surface du sol.

On a constaté ainsi de vrais tremblements de terre causés par des éboulements dans des mines de sel gemme de Lorraine. Ces mines sont exploitées en faisant dissoudre le sel dans de l'eau que l'on fait arriver dans la mine; on retire ensuite cette eau avec des pompes, quand elle est saturée de sel; de grands vides restent à la place du sel, et la voûte d'argile qui recouvrait le sel s'écroule quand elle n'est plus assez soutenue. La terrible catastrophe d'Ischia est peut-être due à une cause de ce genre. Casamicciola était, en effet, bâtie au-dessus de sources thermales qui tiennent en dissolution une grande quantité de substances solides enlevées au sol.

145. Mouvements lents du sol. — Indépendamment des violents changements de niveau produits par les tremblements de terre, la surface du sol subit une autre sorte de mouvements.

Ces mouvements sont lents, et il faut un temps considérable pour constater qu'ils ont eu lieu. Ce n'est guère que le long des côtes, en se servant du niveau constant de la mer comme de point de repère, qu'on peut avoir la preuve de

Fig. 77.

Ile de l'océan Pacifique, entourée d'un anneau de polypiers.

ces mouvements. En faisant une marque sur des rochers du bord de la mer, au niveau de l'eau, on peut voir au bout d'un certain nombre d'années si la marque est bien toujours au niveau de l'eau; si la marque est plus haut, c'est que le sol s'élève en ce point; si la marque est sous l'eau, c'est que le sol s'est abaissé.

On a constaté ainsi que le nord de la Suède, au fond du golfe de Bothnie, s'élève en moyenne de $1^m,50$ par siècle, tandis que le sud de la Suède, la Scanie, s'abaisse de $1^m,50$

par siècle. La Suède exécute ainsi un mouvement lent de bascule, dont le point fixe est vers Stockholm.

Sur tous les points des côtes où l'on a fait des observations d'assez longue durée, on a pu constater des mouvements du

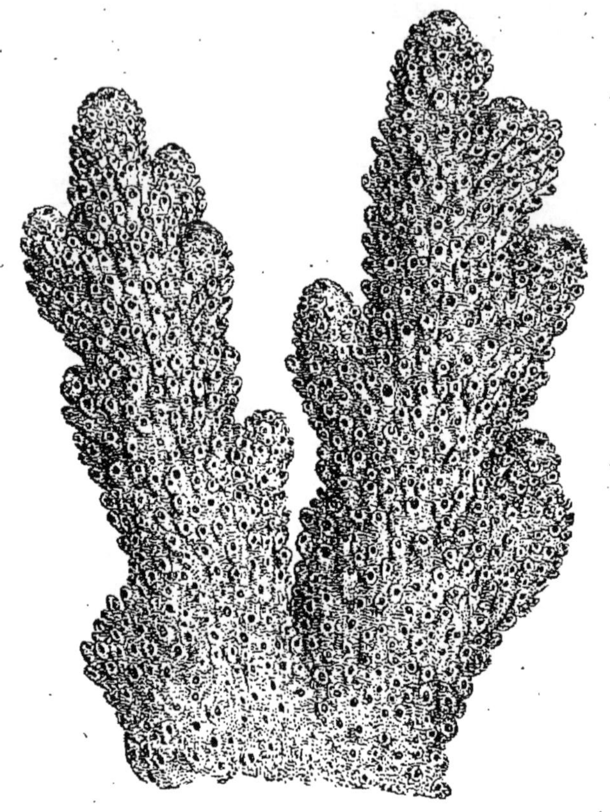

Fig. 78. — Polypier du genre madrépore formant les anneaux qui entourent beaucoup d'îles de l'océan Pacifique.

sol qui, tout en étant généralement moins accentués que les mouvements de la Suède, n'en sont pas moins très sensibles.

La surface du sol n'est donc peut-être jamais absolument immobile.

146. Mouvement du sol au fond de l'océan Pacifique. — Beaucoup d'îles de l'océan Pacifique sont circulaires et forment un anneau, à l'extérieur duquel viennent se briser les vagues, tandis qu'à l'intérieur on voit un lac, dont le calme des eaux contraste avec l'agitation de l'extérieur. Au milieu du lac se trouve souvent une île (fig. 77).

Cet anneau est entièrement constitué par des polypiers; les coraux qui forment ces polypiers (fig. 78) ne peuvent vivre à une grande profondeur; ils se développent surtout aux endroits où déferlent les vagues, c'est-à-dire au niveau même de la surface de la mer. Or, en jetant la sonde sur le bord de ces singulières îles, on trouve des polypiers morts à une très grande profondeur. Les coraux qui ont formé ces polypiers n'ont certainement pas pu vivre dans ces conditions; on a admis que ces polypiers, recouverts aujourd'hui par des milliers de mètres d'eau, étaient autrefois tout près de la surface de la mer et que le sol s'est affaissé.

RÉSUMÉ

Volcans. — Un *volcan* en *éruption* rejette par son *cratère* des matières solides incandescentes : *bombes, scories, lapilli, pierres ponces, cendres*; des matières liquides, de la *lave*, des matières gazeuses, *acides sulfureux, sulfurique, chlorhydrique*, et surtout de la *vapeur d'eau*. Toutes ces substances arrivent par la *cheminée* du volcan; celles qui sont solides, ou qui se solidifient, forment le *cône*.

La plupart des volcans présentent des intermittences d'activité très inégales; quelquefois ils conservent durant de longues années une activité très modérée : ils forment alors des *solfatares*; puis les forces volcaniques reprennent toute leur énergie. D'autres fois, le volcan, après avoir longtemps produit des *mofettes*, semble s'éteindre complètement.

Bien des années après l'extinction apparente d'un volcan, la température du sous-sol reste assez élevée pour que la plupart des sources qui entourent le volcan soient à une température élevée. L'eau de ces sources thermales tient en dissolution des substances minérales.

Les volcans se trouvent habituellement dans le voisinage de la mer.

Tremblements de terre. — Les tremblements de terre se produisent dans tous les pays et dans tous les terrains. Leur étendue et leur intensité sont extrêmement variables; leur durée est ordinairement de quelques secondes. Les causes des tremblements de terre sont peu connues; il est très probable qu'il y en a plusieurs. Certains d'entre eux ont certainement les mêmes causes que les volcans ; d'autres beaucoup plus étendus sont, certainement aussi, indépendants des phénomènes volcaniques ; mais leur cause est inconnue. Quelques tremblements de terre violents et très limités semblent avoir pour cause des effondrements dans des cavités qui se trouveraient dans l'intérieur du sol. — Le sol tremble très souvent, mais si faiblement qu'on ne peut constater ces mouvements qu'au moyen d'appareils de précision.

Mouvements lents du sol. — On a pu constater dans beaucoup de pays des mouvements lents du sol, qui tantôt s'élève et tantôt s'abaisse ; il faut des siècles pour rendre ces mouvements appréciables ; c'est le niveau de la mer qui sert de point de repère.

TABLE DES MATIÈRES

TABLE ALPHABÉTIQUE

DICTIONNAIRE

des Mathématiques

appliquées

COMPRENANT LES PRINCIPALES APPLICATIONS DES MATHÉMATIQUES

A l'Architecture, à l'Arithmétique commerciale, à l'Arpentage,
à l'Artillerie, aux Assurances,
à la Balistique, à la Banque, à la Charpente, aux Chemins de fer,
à la Cinématique, à la Construction navale, à la Cosmographie,
à la Coupe des pierres, au Dessin linéaire, aux Établissements de prévoyance
à la Fortification, à la Géodésie, à la Géographie,
à la Géométrie descriptive, à l'Horlogerie, à l'Hydraulique, à l'Hydrostatique,
aux Machines, à la Mécanique générale, à la Mécanique des gaz,
à la Navigation, aux Ombres,
à la Perspective, à la Population, aux Probabilités,
aux Questions de Bourse, à la Topographie, aux Travaux publics,
aux Voies de communication, etc., etc.

ET L'EXPLICATION D'UN GRAND NOMBRE DE TERMES TECHNIQUES

USITÉS DANS LES APPLICATIONS

Par

H. SONNET

Docteur ès sciences, Ancien inspecteur de l'Académie de Paris

SEPTIÈME ÉDITION

Un vol. grand in-8°, contenant 1900 figures intercalées dans le texte.

Broché . . . . 30 fr.

Relié en demi-chagrin, plats en toile, tranches jaspées . . 35 fr.

Paris. — Imprimerie LAHURE, 9, rue de Fleurus.

9 782016 176740